河北科技大学思想政治理论课混合式教学改革丛书
丛书主编：甘玲

U0830585

学思问练

《中国近现代史纲要》辅学读本

主　编：葛晓萍
副主编：韩　梅　曾雪兰

燕山大学出版社
2020 · 秦皇岛

图书在版编目（CIP）数据

学思问练：《中国近现代史纲要》辅学读本 / 葛晓萍主编．—秦皇岛：燕山大学出版社，2020.7
（河北科技大学思想政治理论课混合式教学改革丛书）
ISBN 978-7-81142-810-0

Ⅰ．①学… Ⅱ．①葛… Ⅲ．①中国历史－近代史－高等学校－教学参考资料②中国历史－现代史－高等学校－教学参考资料 Ⅳ．① K25

中国版本图书馆 CIP 数据核字（2020）第 034985 号

学思问练——《中国近现代史纲要》辅学读本

葛晓萍　主编

出 版 人：陈　玉
责任编辑：杨春茹
封面设计：刘韦希
出版发行：燕山大学出版社 YANSHAN UNIVERSITY PRESS
地　　址：河北省秦皇岛市河北大街西段 438 号
邮政编码：066004
电　　话：0335-8387555
印　　刷：北京建宏印刷有限公司
经　　销：全国新华书店

开　　本：700mm×1000mm 1/16　　印　　张：10.25　　字　　数：200 千字
版　　次：2020 年 7 月第 1 版　　印　　次：2020 年 7 月第 1 次印刷
书　　号：ISBN 978-7-81142-810-0
定　　价：25.60 元

版权所有　侵权必究
如发生印刷、装订质量问题，读者可与出版社联系调换
联系电话：0335-8387718

序

为深入贯彻落实习近平新时代中国特色社会主义思想和党的十九大精神，全面推动习近平新时代中国特色社会主义思想进教材、进课堂、进学生头脑，充分发挥高校思想政治理论课育人主渠道作用，不断提高大学生对思想政治理论课的获得感，2018 年 4 月教育部印发《新时代高校思想政治理论课教学工作基本要求》（教社科〔2018〕2 号），强调高校思想政治理论课要不断创新教学模式、提升教学质量。2019 年 8 月中共中央办公厅、国务院办公厅印发《关于深化新时代学校思想政治理论课改革创新的若干意见》，指出贯彻落实思政课改革创新要求，要坚持问题导向和目标导向相结合，注重推动思政课建设内涵式发展，全面提升学生思想政治理论素养。2019 年 10 月教育部出台《关于深化本科教育教学改革 全面提高人才培养质量的意见》（教高〔2019〕6 号），再次强调把思想政治理论课作为落实立德树人根本任务的关键课程，推动思想政治理论课改革创新，要让学生忙起来、老师强起来，不断增强思想政治理论课的有效性和针对性。为贯彻落实上述文件精神，同时也是对新时代高校思想政治理论课改革创新迫切要求的回应和回答，我们以 2018 版高校思想政治理论课教材为依据，对思政课教学改革进行了新的探索与尝试，创建了高校思政课“课前—课中—课后”三位一体混合式教学新模式，本丛书便是这一探索和尝试的阶段性成果之一。

编写本丛书的初衷，还源于我们在高校思想政治理论课实际教学过程中遇到的困惑和问题——知识传授与价值引导在教师与学生之间的冲突和分歧。对思政课教师而言，我们深知思想政治理论课的特殊性，绝不仅仅限于知识的传授，更重要的是价值引导和信仰塑造。但对学生而言，价值引导和信仰塑造绝非一日之功，他们更在意的是，在我们的课堂上学到了什么，收获了什么。我们曾对近三届大一、大二的学生进行了关于5门思政课学习状况的调查，结果显示，知识层面相对薄弱是学生们普遍反映的问题之一。基于此，在坚持价值引导与信仰塑造为首要任务的前提下，以学生需求为中心，我们编写了这套旨在提升学生理论水平和理论分析能力的辅学读本。

本丛书立足教材，也面向学生，主要适用于学生课前预习和课后复习。全书以“学—思—问—练”为思维架构，统一将教材体系转化为“知识图谱—要点解析—学习检测—参考答案”四大学习板块，以便于学生理解掌握。其中，“知识图谱”以教学大纲为依据，对教材中的知识点进行逻辑架构，从宏观上帮助学生建立知识体系；“要点解析”紧扣2018版高校思想政治理论课教材，对每章知识点进行梳理、归纳和总结，从微观上帮助学生细化、充实知识体系；“学习检测”和“参考答案”则以问题形式帮助学生加深对各知识点的理解和掌握，辅助学生课前预习和课后复习使用。

本丛书由甘玲教授统筹设计、河北科技大学马克思主义学院思政课教师集体创作完成。其中，《学思问练——〈思想道德修养与法律基础〉辅学读本》由朱晨静主编，《学思问练——〈马克思主义基本原理概论〉辅学读本》由邢顺福、张会蔚主编，《学思问练——〈中国近现代史纲要〉辅学读本》由葛晓萍主编，《学思问练——〈毛泽东思想和中国特色社会主义理论体系概论〉辅学读本》由马永耀主编。本丛书在编写过程中学习、借鉴了各高校思想政治理论课相关辅导用书和资料，在此一并深表感谢。因能力、水平有限，不足不妥之处，恳请各位专家学者指正。

本丛书得到2019—2020年度河北省高等教育教学改革研究与实践项目“‘双一流’战略下高校思政课线上线下混合式教学模式的探索与实践（2019GJJG187）”的资助。

丛书主编

2019年10月15日

目　录

第一章　反对外国侵略的斗争

知识图谱

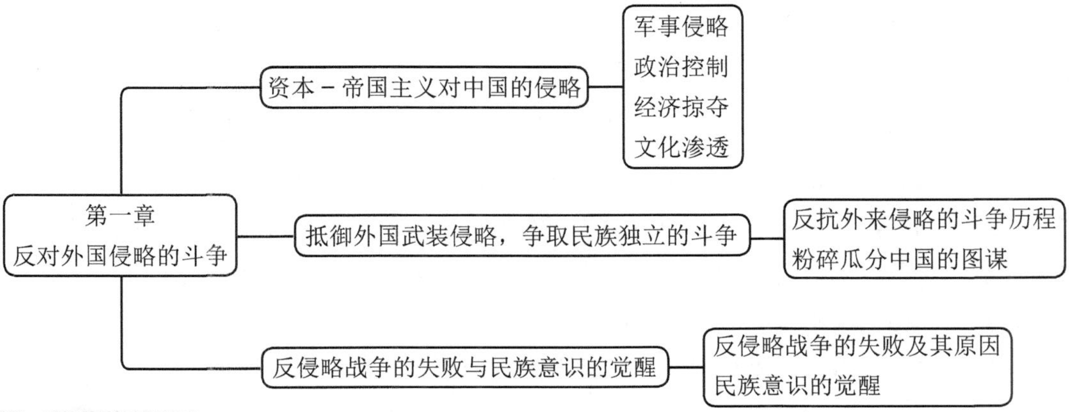

要点解析

1840 年，英国发动了侵略中国的鸦片战争，中国历史的发展从此发生重大转折。随着外国资本主义的入侵，中国的封建社会逐步变成了半殖民地半封建社会。中国人民除了继续遭受本国残酷的封建压迫以外，更遭受了外国资本－帝国主义势力残暴的民族压迫。资本－帝国主义侵略、压迫中国人民的过程，同时也是中国人民反抗它们的侵略、压迫的过程。救亡图存，成了一代又一代中国人面临的神圣使命。认识资本－帝国主义侵略给中国人民带来的深重苦难，深刻领会近代中国所面临的争取民族独立和人民解放、实现国家繁荣富强和人民共同富裕这两大历史任务的历史根源和现实要求，是本章的重点和要点。

1. 如何理解中国近代社会的半殖民地半封建性质

中国的半殖民地半封建社会，是近代以来中国在外国资本主义势力的入侵及其与中国封建主义势力相结合的条件下，逐步形成的一种从属于资本主义世界体系的畸形的社会形态。鸦片战争前的中国社会是封建社会。鸦片战争以后，随着外国资本－帝国主义的入侵，中国社会发生了两个根本性的变化：其一，独立的中国逐步变成半殖民地的中国；其二，封建的中国逐步变成半封建的中国。

半殖民地性质是因为，鸦片战争以后，资本－帝国主义列强通过发动侵略战争，强迫中国签订一系列不平等条约，破坏中国的领土主权、领海主权、关税主权、司法主权等，并一步一步地控制中国的政治、经济、外交和军事。中国已经丧失了完全独立的地位，在相当程度上被殖民地化了。

由于中国长期以来一直是一个统一的大国，中国人民顽强、持久的反抗，同时也由于帝国主义列强间争夺中国的矛盾无法协调，使得它们中的任何一个国家都无法单独征服中国，也使得它们不可能共同瓜分中国。因此，近代中国尽管在实际上已经丧失了拥有完整主权的独立国的地位，但是仍然维持着独立国家和政府的名义，还有一定的主权。由于它与连名义上的独立也没有的由殖民主义宗主国直接统治的殖民地尚有区别，因此被称作半殖民地。

半封建性质是因为，外国资本主义列强用武力打开中国的门户，把中国卷入世界资本主义经济体系和世界市场之中。随着外国资本主义的入侵，一方面，破坏了中国自给自足的自然经济的基础，破坏了城市的手工业和农民的家庭手工业；另一方面，则促进了中国城乡商品经济的发展，给中国资本主义的产生造就了某些客观条件。中国出现了资本主义生产关系。中国已经不是完全的封建社会了。

然而，资本－帝国主义列强并不容许中国成为独立的资本主义国家。它们利用获取的政治、经济特权，在中国倾销商品，经营轻工业和重工业，对中国的民族工业进行直接的经济压迫。中国的民族资本主义经济虽然有了某些发展，但是并没有也不可能成为中国社会经济的主要形式。而在中国的资本主义经济中，外国资本及依附于它的官僚资本居于主要和支配的地位。在中国农村，地主剥削农民的封建生产关系在社会经济生活中依然占据显著的优势。这样，中国的经济既不再是完全的封建经济，也不是完全的资本主义经济，而成为半殖民地半封建的经济了。

中国半殖民地半封建社会及其特征，是随着资本－帝国主义侵略的扩大，资本-帝国主义与中国封建势力结合的加深而逐渐形成的。它有一个演变的过程，而且在不同历史阶段和不同地区有所差别。

2. 如何理解近代中国的主要矛盾和历史任务

近代中国半殖民地半封建社会的矛盾，呈现出错综复杂的状况。在诸多社会矛盾中，占支配地位的主要矛盾，是帝国主义和中华民族的矛盾、封建主义和人民大众的矛盾。这两对主要矛盾及其斗争贯穿整个中国半殖民地半封建社会的始终，并对中国近代社会的发展变化起着决定性的作用。这两对主要矛盾是互相交织在一起的，而帝国主义和中华民族的矛盾是最主要的矛盾。中国近代社会的发展和演变，是这两对主要矛盾互相交织和交替作用的结果。近代以来伟大的中国革命，是在这些主要矛盾及其激化的基础之上发生和发展起来的。

争取民族独立、人民解放和实现国家富强、人民富裕是近代以来中华民族面临的两大历史任务，无数的志士仁人，一代又一代的中国人，正是为此而进行了不屈不挠、英勇顽强的斗争。争取民族独立、人民解放和实现国家富强、人民富裕这两个任务，是互相区别又紧密联系的。由于腐朽的社会制度束缚着生产力的发展，阻碍着经济技术的进步，必须首先改变这种社会制度，争取民族独立和人民解放，才能为实现国家富强和人民富裕创造前提、开辟道路。

近代以来的历史表明，要争取民族独立和人民解放，必须首先进行反帝反封建的民主革命。因为帝国主义列强绝不会自动放弃在中国攫取的特权，封建主义势力也绝不肯自动放弃自己控制的政权，所以以改良的方式是不可能改变帝国主义和封建主义联合统治中国的半殖民地半封建的社会制度的。事实上，只有通过革命争得民族独立、人民解放以后，中国人民才有可能集中力量进行现代化建设，逐步改变贫穷落后的面貌，实现国家的富强和人民的富裕，从而使无数爱国志士和革命先驱为之献身的中华民族伟大复兴的梦想真正成为现实。

3. 资本－帝国主义对中国的军事侵略表现在哪些方面

资本－帝国主义列强对中国的侵略，首先和主要的是进行军事侵略。它们依仗先进的武器和军事技术，或者进行武力威胁，或者发动侵略战争，或者武装干涉中国的内政，甚至直接出兵镇压中国革命。这种军事侵略是逐步升级的，从骚扰、蚕食中国沿海、边疆，到割占中国大片领土，甚至企图瓜分中国。

表现为：（1）发动侵略战争，屠杀中国人民。从1840年鸦片战争以来，资本－帝国主义列强发动了一次又一次的侵华战争。在历次侵华战争中，外国侵略者屠杀了大批中国人民。（2）侵占中国领土，划分势力范围。每一次战争之后，资本－帝国主义列强都迫使中国政府签订不平等条约，攫取在中国的经济、政治特权，劫掠中国的财富，破坏中国的主权和领土完整。资本－帝国主义列强还运用武力或欺诈手段，霸占中国通商口岸内的土地，设立完全由外国直接控制和统治的租界。（3）勒索赔款，抢掠财富。资本－帝国主义列强发动战争来侵略中国、屠杀中国人民，并向中国勒索巨额赔款，造成中国严重的财政危机，直接破坏和阻碍中国的经济发展。不仅如此，列强在侵华战争中还公开抢劫中国的财富，肆意破坏中国的文物和古迹。

4. 资本－帝国主义对近代中国的政治控制表现在哪些方面

为了统治中国，资本－帝国主义列强在政治上采取的主要方式，是控制中国政府，操纵中国的内政、外交，把中国当权者变成自己的代理人和驯服工具。

表现为：（1）控制中国的内政、外交。在鸦片战争时期，外国侵略者还只是通过中国内部的妥协派来对清政府施加压力和影响。之后强迫清政府签订了一系列不平等条约，终于使清政府基本屈服。当时西方列强的公使，是以战胜者的姿态进入北京的，他们不是普通的外交官，而是清政府的“太上皇”。资本－帝国主义列强在中国还享有领事裁判权，把持中国海关。近代中国海关的职权范围，除了征收进出口关税外，还管理港口、主办邮政，甚至涉及与外国人交涉的各种事务。中国海关的高级职员全部由外国人担任。海关总税务司俨然成了清朝中央政府的最高顾问，而各通商口岸的海关税务司则成了各地方政府的高级顾问。（2）镇压中国人民的反抗。资本－帝国主义列强还勾结清政府镇压中国人民的反侵略反封建斗争。（3）扶植、收买代理人。为了控制中国的政治，把中国政府变成自己的驯服工具，资本－帝国主义列强特别注意在中国政府中扶植、收买自己的代理人。

5. 资本－帝国主义对近代中国的经济掠夺表现在哪些方面

资本－帝国主义列强对中国进行经济侵略的方式，除了强迫中国支付巨额的战争赔款外，主要是利用其与清政府签订的不平等条约赋予的特权，进一步扩大对中国的商品倾销和资本输出，进行掠夺和榨取，逐步把中国卷入资本主义的世界市场。

表现为：（1）控制中国的通商口岸。在这些通商口岸里，外国人依仗不平等条约享有种种特权，控制当地的工商、金融事业，甚至设立租界，实行殖民统治。这些通商口岸大多成了资本－帝国主义列强在中国进行经济侵略的基地。（2）剥夺中国的关税自主权。从 19 世纪 50 年代起，外国人逐步控制了中国海关的行政权。中国海关不仅不能起到抵制外国商品倾销、保护民族经济的作用，反而成为外国对中国进行经济侵略和政治控制的一个重要工具。（3）实行商品倾销和资本输出，资本－帝国主义列强凭借不平等条约所赋予的种种特权，把中国变成了它们倾销商品的市场和取得廉价原料的基地。这些都是在中国丧失了独立主权而与外国处于不平等地位的情况下进行的。中国的对外贸易，从长期出超逐渐转变为大量入超。（4）操纵中国的经济命脉。在半殖民地半封建社会的条件下，中国不可能在独立的基础上与外国发生经济往来。资本－帝国主义列强同中国发生经济关系，不是为了推动中国经济的发展，而是为了控制中国的经济，为自身获取最大限度的利润。资本－帝国主义的经济侵略不仅阻碍了中国民族工商业的发展，而且对中国的农业经济也造成了严重破坏。

总之，资本－帝国主义列强的入侵，使中国在经济上也丧失了独立性，中国被纳入资本主义的世界经济体系，成了西方大国的经济附庸。除了沿海、沿江少数城市的经济得到畸形繁荣以外，中国广大地区特别是农村的经济都濒临破产。外国帝国主义和中国封建主义的联合统治，导致了近代中国经济的落后和人民的贫困。

6. 资本－帝国主义对中国的文化渗透表现在哪些方面

资本－帝国主义列强在对中国实行军事侵略、政治控制、经济掠夺的同时，还对中国进行文化渗透。其目的是宣扬殖民主义奴化思想，麻醉中国人民的精神，摧毁中国人民的民族自尊心和自信心。

表现为：（1）披着宗教外衣，进行侵略活动。资本－帝国主义的文化渗透活动，有许多是披着宗教外衣、在传教的名义下进行的。（2）为侵略中国制造舆论。外国教会中的某些势力还利用宣传宗教和西学的名义，为资本－帝国主义的侵略制造舆论。帝国主义者为了制造侵略有理的舆论，还大肆宣扬“种族优劣论”。他们攻击诬蔑中华民族是愚昧落后的“劣等民族”，应该接受“优等民族”——白种人的开导和奴役。19 世纪末，欧美帝国主义者还炮制了所谓“黄祸论”，即中国“威胁”论。

7. 资本－帝国主义的入侵给中国带来了什么

第一，资本－帝国主义的入侵，造成中国近代的贫穷与落后。列强对中国发动了一系列侵略战争，迫使中国政府签订不平等条约，割占中国大片领土、划分势力范围，并勒索赔款、抢掠财富，使中国的经济和社会发展遭到了严重阻碍。列强通过控制中国的内政、外交，镇压中国人民的反抗，通过扶植、收买代理人，使中国在政治上不再拥有完整的主权。列强通过不平等条约赋予的特权，控制中国的通商口岸，剥夺中国的关税自主权，实行商品倾销和资本输出，操纵中国的经济命脉，使中国在经济上形成了对它们的依附而丧失了自己的独立性。中国被纳入资本主义的世界经济体系，成了西方大国的经济附庸。列强还对中国进行文化渗透，披着宗教外衣进行侵略活动，为侵略中国制造舆论，宣扬殖民主义奴化思想，麻醉中国人民的精神，摧毁中国人民的民族自尊心和自信心。外国帝国主义和中国封建主义的联合统治，导致了近代中国经济的落后和人民的贫困。

第二，资本－帝国主义的入侵，阻止了中国近代化的进程。列强在侵华的时候也充当了历史的不自觉的工具，把西方资本主义的先进技术带入中国，在一定程度上刺激了中国资本主义的发展。同时，西方一些先进的思想文化传入中国，促进了中国新文化的产生，有利于中国人民的觉醒和思想意识的提升，客观上也为中国人民进行反帝反封建斗争创造了条件。但是，列强主观上并不希望中国成为独立、自主、富强的近代化国家，因此总是千方百计地压制中国民族资本主义的发展，阻挠和破坏中国社会的进步。

总之，资本－帝国主义入侵中国的目的，绝不是要把封建的中国变成资本主义的中国，而是要把中国变成它们的半殖民地和殖民地。帝国主义侵略中国的最终目的，是要瓜分中国、灭亡中国。

8. 如何评价近代中国人民反对外来侵略的斗争

第一，近代以来反对外来侵略的斗争，显示了中国人民不甘屈服和敢于斗争的英雄气概，沉重打击了帝国主义侵华的野心，粉碎了他们瓜分中国和把中国变成完全殖民地的图谋。帝国主义侵略中国的最终目的，是要瓜分中国、灭亡中国。这一图谋并未得逞，原因何在？帝国主义列强之间的矛盾和妥协，并非瓜分中国的阴谋破产的根本原因。最根本的原因是中华民族进行的不屈不挠的反侵略斗争。

第二，近代中国人民包括统治阶级中的爱国人士在反侵略斗争中表现出来的爱国主义精神，铸成了中华民族的民族魂。正是由于中国人民前仆后继、英勇顽强的斗争，才使我们的国家和民族历尽劫难、屡遭侵略而不亡。那些不畏强暴、赴汤蹈火、血战疆场、宁死不屈的民族英雄，乃是中华民族的脊梁。

第三，近代以来反对外来侵略的斗争，教育了中国人民，促进了民族意识的觉醒，促进了中国人民的思考、探索和奋起，振奋了中华民族的民族精神，鼓舞了人民反帝反封建的斗志。近代以来，中国的志士仁人正是怀着强烈的忧患意识和变革意识，历尽千辛万苦，不怕流血牺牲，去探索挽救中华民族危亡、实现民族复兴的道路的。

9. 如何理解近代中国人民反侵略战争失败的原因和经验教训

失败原因，从中国内部因素来分析，主要有以下两个方面：一是社会制度的腐败；二是经济技术的落后。而前者则是更根本的原因。正是由于社会制度的腐败，才使得经济技术落后的状况长期得不到改变。

第一，社会制度的腐败。1840 年以后，中国封建社会逐步变成了半殖民地半封建社会。清王朝的统治阶级大都昏庸愚昧，不了解世界大势，不懂御敌之策。许多官员、将帅为了自身私利，不惜出卖国家和民族的利益，并常常压制与破坏人民群众和爱国官兵的反侵略斗争。腐败的中国半殖民地半封建的社会制度，阻碍了中国人民群众的广泛动员和组织，这是近代中国反侵略战争屡遭失败的最重要的原因。

第二，经济技术的落后。近代中国反侵略战争失败的另一个重要原因，是国家综合实力特别是经济技术和作战能力的落后。19 世纪中叶，西方资本主义强国经过工业革命，经济和技术飞速发展，封建的中国已被远远抛在后面。但是，经济技术落后并不意味着在战争中一定打败仗。而当时的中国，不仅武器装备落后，而且统治阶级实行错误的方针、政策，并压制人民群众的斗争。在这种情况下，中国的反侵略战争才一再遭到失败。

失败教训，总结起来包括以下两个方面。

第一，在中国近代，要争取国家独立和民族富强，必须改变帝国主义、封建主义联合统治的半殖民地半封建的社会制度。中国人民必须把反对帝国主义的民族斗争和反对封建主义的阶级斗争统一起来，才能完成近代中国革命的任务。

第二，落后必然挨打，妥协必败。只有民族独立和人民解放，才能推翻帝国主义对中国的反动统治，才能进行现代化建设，才能使国家真正强大起来。中国历史的发展已经证明，单纯学习西方技术的道路是行不通的，只有经过无产阶级领导的、反帝反封建的新民主主义革命走向社会主义，才是中国真正的出路。

学习检测

一、单项选择题

1. 乾隆后期，引起中外礼仪之争的英国使华全权代表是（　　）。

A. 马嘎尔尼　　B. 赫德　　C. 戈登　　D. 华尔

2. 英国走私鸦片给清政府带来的危害不包括（　　）。

A. 官员更加腐败　　B. 人民身心健康受到摧残

C. 军队战斗力削弱　　D. 政府财政收入增加

3. 明确了向西方学习的目的，提出了“师夷长技以制夷”思想的是（　　）。

A. 盛世危言　　B. 海国图志　　C. 天演论　　D. 地理大全

4. 标志着太平天国运动由盛转衰的事件是（　　）。

A. 北伐失利　　B. 安庆失守　　C. 天京事变　　D. 天京被围

5. 近代史上中国人民第一次自发的大规模抵抗外国侵略的斗争是（　　）。

A. 虎门销烟　　B. 太平天国运动　　C. 三元里抗英斗争　　D. 义和团运动

6. 1842年8月29日，清政府与英国签订的中国近代史上的第一个不平等条约是（　　）。

A. 中英《南京条约》　　B. 中英《虎门条约》

C. 中美《望厦条约》　　D. 中法《黄埔条约》

7. 洗劫、焚毁圆明园，给中华文明带来浩劫的两个西方殖民国家是（　　）。

A. 美英　　B. 英法　　C. 美法　　D. 英德

8. 帝国主义侵略中国的最终目的，是要（　　）。

A. 帮助中国发展资本主义　　B. 传播西方先进文化

C. 为本国资本主义发展寻求市场和原料产地　　D. 瓜分中国，灭亡中国

9. 德国元帅瓦德西说：“无论欧、美、日本各国，皆无此脑力与兵力，可以统治此天下生灵四分之一，故瓜分一事，实为下策。”这表明（　　）。

A. 帝国主义已放弃灭亡中国的图谋　　B. 帝国主义之间相互勾结

C. 帝国主义之间的矛盾　　D. 帝国主义瓜分中国图谋的破产

10. 近代中国的社会性质是（　　）。

A. 半殖民地半封建社会　　B. 半封建社会

C. 半殖民地社会　　D. 不完全的殖民地社会

11. 鸦片战争前夕，中国社会的经济状况是（　　）。

A. 资本主义萌芽发展特别快　　B. 自给自足的自然经济占统治地位

C. 已经被卷入资本主义世界市场　　D. 人民生活水平很高

12. 第二次鸦片战争爆发的根本原因是（　　）。

A. 使鸦片贸易合法化　　B. 外国使节进驻北京

C. “亚罗号”事件　　D. 扩大侵略权益

13. 清政府在 19 世纪设立的办理外交、筹办洋务的最高行政机构是（　　）。

A. 外务部　　B. 洋务局　　C. 总理衙门　　D. 同文馆

14. 在反对外来侵略的斗争中，为维护国家民族权益而抗争的爱国海军将领是（　　）。

A. 琦善　　B. 邓世昌　　C. 叶名琛　　D. 叶志超

15. 近代中国的历史表明，要争得民族独立和人民解放必须首先进行（　　）。

A. 反对帝国主义侵略的斗争　　B. 反帝反封建的资产阶级民主革命

C. 反对封建主义压迫的斗争　　D. 反对资产阶级的社会主义革命

16. 近代中国，一些爱国人士提出过工业救国、教育救国、科学救国等主张，并为此进行过努力，但这些主张并不能从根本上给濒临危亡的中国指明正确的出路，这是因为他们没有认识到（　　）。

A. 争取民族独立和人民解放是实现民族复兴的前提

B. 中国已经被卷入世界资本主义经济体系和世界市场中

C. 中国是一个经济政治发展不平衡的国家

D. 资本主义制度已经过时

——该题出自“2015 年硕士研究生入学考试政治试题”第 9 题

17. 1840 年鸦片战争以后，中国遭受的西方列强“强船利炮”的欺凌不断加剧，中华民族面临生死存亡的形式日益严峻，中国“睡狮”在西方列强的隆隆炮声中逐渐苏醒，让中国人民的民族意识开始普遍觉醒的重大事件是（　　）。

A. 日本全面侵略战争　　B. 中日甲午战争

C. 八国联军侵华战争　　D. 中法战争

——该题出自“2016 年硕士研究生入学考试政治试题”第 9 题

18. 1843 年，魏源编成《海国图志》。他在书中写道：“是书何以作？曰：为以夷攻夷而作，为以夷款夷而作，为师夷长技以制夷而作。”魏源所说的夷之“长技”主要是指西方的（　　）。

A. 宗教和思想文化　　B. 教育和人才培养

C. 军事和科学技术　　D. 民主和政治制度

——该题出自“2016 年硕士研究生入学考试政治试题”第 10 题

19. 帝国主义侵略中国的最终目的，是要瓜分中国、灭亡中国。1895 年中国在甲午战争中战败后，列强掀起了瓜分中国的狂潮，这集中表现在（　　）。

A. 竞相租借港湾和划分势力范围

B. 外国资本在中国近代工业中争夺垄断地位

C. 设立完全由外国人直接控制和统治的租界

D. 从侵占中国周边邻国发展到蚕食中国边疆地区

——该题出自“2017 年硕士研究生入学考试政治试题”第 9 题

20. 近代中国半殖民地半封建社会的矛盾，呈现出错综复杂的状况，其中，贯穿整个中国半殖民地半封建社会的始终，并对中国近代社会的发展变化起着决定性作用的最主要的矛盾是（　　）。

A．帝国主义和中华民族的矛盾　　B．无产阶级和资产阶级的矛盾

C．封建主义和人民大众的矛盾　　D．农民阶级和地主阶级的矛盾

——该题出自“2018 年硕士研究生入学考试政治试题”第 9 题

二、多项选择题

1. 中国封建社会的社会结构特点是族权和政权相结合的封建宗法等级制度。其核心是宗族家长制，突出（　　）。

A. 父权　　B. 夫权　　C. 君权　　D. 官权

2. 中国封建社会的经济、政治、文化、社会结构对社会造成的影响有（　　）。

A. 巩固和维系了中国封建社会的稳定和延续

B. 在很大程度上抑制了中国封建社会的生机和活力

C. 使中国社会发展缓慢甚至迟滞

D. 造成了不可克服的周期性的政治经济危机

3. 鸦片战争前，对中国经济社会状况叙述正确的有（　　）。

A. 经济上，资本主义萌芽并不断发展

B. 政治上，实行高度集权的君主专制

C. 文化上，严厉的文化专制政策钳制了人们的思想

D. 对外关系上，严格限制对外交往和贸易的闭关锁国政策

4. 近代中国占支配地位的主要社会矛盾是（　　）。

A. 帝国主义和中华民族的矛盾　　B. 地主阶级和农民阶级的矛盾

C. 资产阶级和无产阶级的矛盾　　D. 封建主义和人民大众的矛盾

5. 近代中国的历史任务是（　　）。

A. 民族独立　　B. 人民解放　　C. 国家富强　　D. 人民富裕

6. 为了统治中国，资本 - 帝国主义列强采取的方式有（　　）。

A. 控制中国的内政、外交　　B. 发动侵略战争，划分势力范围

C. 镇压中国人民的反抗　　D. 扶植、收买代理人

7. **下面对义和团运动的评价，正确的有（　　）。**

A. 粉碎了列强瓜分中国的迷梦

B. 将清政府的卖国投降面目暴露于国人面前

C. 打击了封建统治势力

D. 带来了民主科学的气息

8. **近代中国人民的反侵略战争（　　）。**

A. 沉重打击了资本 – 帝国主义列强的侵华野心

B. 使我们的国家和民族历尽劫难、屡遭侵略而不亡

C. 都是因为军事实力不强才失败的

D. 它表现出来的爱国主义精神，铸成了中华民族的民族魂

9. **近代以来，许多知识分子提出过救国的新思想，意图唤醒国人，如（　　）。**

A. “师夷长技以制夷”　　B. “量中华之物力，结与国之欢心”

C. 与西方进行“商战”　　D. “振兴中华”

10. **近代中国反侵略斗争失败的主要原因有（　　）。**

A. 社会制度的腐败　　B. 外国侵略势力的强大

C. 经济技术的落后　　D. 人民抵抗不力

11. **资本 – 帝国主义对中国的政治控制表现在（　　）。**

A. 控制中国的内政和外交　　B. 把持中国海关

C. 镇压中国人民的反抗　　D. 扶植、收买代理人

12. **19 世纪末期，帝国主义列强瓜分中国的图谋并未实现，其原因是（　　）。**

A. 帝国主义列强之间的矛盾和相互制约　　B. 中国人民进行了不屈不挠的反侵略斗争

C. 清政府与列强相勾结　　D. 中国地域过于广阔

13. **中日甲午战争以后，民族意识普遍觉醒中先进中国人提出的主要口号是（　　）。**

A. “师夷长技以制夷”　　B. 救亡图存

C. 振兴中华　　D. “自强”“求富”

14. **近代以来中华民族面临的两大历史任务是（　　）。**

A. 实现国家的现代化　　B. 实现国家富强、人民富裕

C. 争取民族独立、人民解放　　D. 挽救中华民族的危亡

15. **鸦片战争成为中国近代史的起点，是因为（　　）。**

A. 中国的社会性质开始发生质的变化

B. 社会主要矛盾发生了质的变化

C. 中国逐渐开始了反帝反封建的资产阶级民主革命

D. 中华民族意识开始了普遍觉醒

16. 在半殖民半封建社会的条件下，中国不可能在独立的基础上与外国发生经济往来。资本－帝国主义列强同中国发生经济关系，不是为了推动中国经济的发展，而是为了控制中国的经济。列强控制中国经济的方式有（　　）。

A. 控制中国的交通运输业　　B. 在中国设立银行

C. 控制中国的关税和盐税　　D. 在中国设立出版机构宣传西学

——该题出自“2017 年硕士研究生入学考试政治试题”第 27 题

三、判断题

1. 中国半殖民地半封建社会的含义是指中国 50% 是殖民地，50% 是封建社会。

2. 鸦片战争是虎门销烟引起的，如果不销毁鸦片就不会爆发侵略战争。

3. 中国近代社会的主要矛盾是帝国主义和中华民族的矛盾、无产阶级和资产阶级的矛盾。

4. 外国帝国主义和中国封建主义的联合统治，导致了近代中国经济落后和人民贫困。

5. 帝国主义列强不能灭亡和瓜分中国的根本原因是中华民族进行了不屈不挠的反侵略战争。

四、材料分析题

结合材料回答问题

材料 1：1910 年，上海人陆士谔在幻想小说《新中国》里记载了一个神奇的梦，梦中主人公随时光穿梭，看到“万国博览会”在上海浦东举行，为方便市民参观，上海滩建成了浦东大铁桥和越江隧道，还造了地铁，工厂中的机器有鬼斧神工之妙，租界的治外法权已经收回，汉语成了世界通用的流行语言……最后梦中人一跤跌醒，却言道：“休说是梦，到那时，真有这景象也未可知。”

1920 年，孙中山先生完成《建国方略》一书，书中提出了修建三峡水利、建设高原铁路系统等宏伟设想，构想了工厂遍地、机器轰鸣、高楼大厦矗立城乡、火车轮船繁忙往返的现代化景象，描绘了“万众一心，急起直追，以我五千年文明优秀之民族，应世界之潮流，而建设一政治最修明、人民最安乐之国家”的愿景。

1935 年，方志敏在《可爱的中国》中写道：“中国一定有个可赞美的光明前途……到那时候，到处都是活跃的创造，到处都是日新月异的进步，欢歌将代替了悲叹，笑脸将代替了哭脸，富裕将代替了贫穷，康健将代替了疾苦，智慧将代替了愚昧，友爱将代替了仇杀，生之快乐将代替了死之悲哀，明媚的花园将代替了凄凉的荒地！这时，我们民族就可以无愧色地立在人类的面前，而生育我们的母亲，也会最美丽地装饰起来，与世界上各位母亲平等地携手了。”“这么光荣的一天，绝不在辽远的将来，而在很近的将来。”

——摘编自《经济日报》（2012 年 12 月 12 日）、《方志敏文集》

材料 2：2012 年 11 月 29 日，中共中央总书记习近平到国家博物馆参观《复兴之路》展览，在 19 世纪末列强割占领土、设立租借地、划定势力范围示意图前，在鸦片战争期间虎门的大炮前，在反映辛亥革命的文物和照片前，在《共产党宣言》第一个中文全译本前，在《中国共产党的第一个纲领》等反映中国共产党成立的文物和照片前，在李大钊狱中亲笔自述前，在中华人民共和国第一面五星红旗前，在党的十一届三中全会照片前，习近平不时停下脚步，认真观看，仔细询问和了解有关情况。在参观过程中，习近平发表了重要讲话，他提出，每个人都有理想和追求，都有自己的梦想。实现中华民族伟大复兴，就是中华民族近代以来最伟大的梦想。……经过鸦片战争以来 170 多年的持续奋斗，中华民族伟大复兴展现出光明的前景。现在，我们比历史上任何时期都更接近中华民族伟大复兴的目标，比历史上任何时期都更有信心、有能力实现这个目标。

——摘编自《人民日报》（2012 年 11 月 30 日）

（1）为什么“实现中华民族伟大复兴，就是中华民族近代以来最伟大的梦想”？

（2）为什么说“现在，我们比历史上任何时期都更接近中华民族伟大复兴的目标”？

——该题出自“2013 年硕士研究生入学考试政治试题”第 36 题

参考答案

一、单项选择题

1.A　2.D　3.B　4.C　5.C　6.A　7.B　8.D　9.D　10.A　11.B　12.D　13.C　14.B　15.B　16.A　17.B　18.C　19.A　20.A

二、多项选择题

1.ABC　2.ABCD　3.ABCD　4.AD　5.ABCD　6.ABCD　7.ABC　8.ABD　9.ACD　10.AC　11.AD　12.AB　13.BC　14.BC　15.ABC　16.ABC

三、判断题

1.×　2.×　3.×　4. √　5. √

四、材料分析题

（1）鸦片战争后，中国逐步沦为半殖民地半封建社会，争取民族独立、人民解放，实现国家富强、人民富裕，成为近代以来中华民族面临的两大历史任务。为改变中华民族的命运，中国人民和无数仁人志士进行了千辛万苦的探索和不屈不挠的斗争，都是为了实现中华民族的伟大复兴。

（2）为了实现中华民族伟大复兴，无数仁人志士奋起抗争，但一次又一次地失败了。中国共产党成立后，领导中国人民完成和推进了三件大事：第一件大事，我们党紧紧依靠人民完成了新民主主义革命，实现了民族独立、人民解放；第二件大事，我们党紧紧依靠人民完成了社会主义革命，确立了社会主义基本制度；第三件大事，我们党紧紧依靠人民进行了改革开放新的伟大革命，开创、坚持、发展中国特色社会主义。这三件大事，从根本上改变了中国人民和中华民族的前途命运。贫穷落后的中国变成了一个初步繁荣昌盛、充满生机和活力的社会主义国家。在中国共产党的领导下，继续坚定不移地沿着中国特色社会主义道路前进，中华民族伟大复兴的目标必将最终实现。

第二章　对国家出路的早期探索

知识图谱

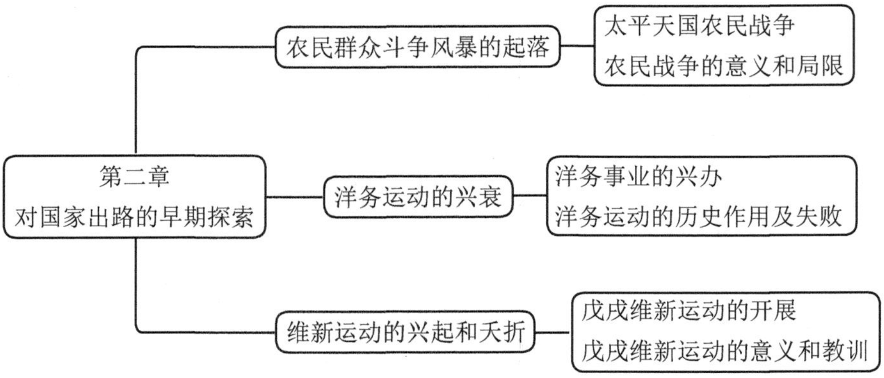

要点解析

随着资本－帝国主义的入侵，中国的民族危机和社会危机日益加深，社会各阶级都面临着“怎么办”的问题。农民阶级、地主阶级洋务派、资产阶级维新派、资产阶级革命派，他们从各自的阶级立场出发，对国家的出路进行探索，先后提出了不同的主张和方案。近代历史表明，单纯的农民战争不可能完成争取民族独立和人民解放的历史任务；而在半殖民地半封建的旧中国，企图通过统治者走自上而下的改良的道路，也是根本行不通的。争取国家的独立、民主、富强，必须用革命的手段，推翻帝国主义、封建主义联合统治的半殖民地半封建的社会制度，这也是本章的重点和要点。

1. 如何理解太平天国农民战争的意义

第一，沉重打击了封建统治阶级，强烈撼动了清政府的统治根基。这次起义历时 14 载，转战 18 省，并建立了与清王朝对峙的政权。在太平天国的影响下，各地各族人民反清斗争风起云涌。天京失陷后，太平天国余部仍坚持斗争达 4 年之久，这些斗争加速了清王朝的衰败。第二，是旧式农民战争的最高峰。《天朝田亩制度》比较完整地表达了千百年来农民对拥有土地的渴望。《资政新篇》则是中国近代历史上第一个比较系统地发展资本主义的方案，反映了太平天国某些领导人在后期试图通过向外国学习来寻求出路的一种努力。因此，具有了不同于以往农民战争的新的历史特点。第三，冲击了孔子和儒家经典的正统权威，这在一定程度上削弱了封建统治的精神支柱。第四，有力地打击了外国侵略势力。

太平天国的领袖们拒绝承认不平等条约，严禁鸦片贸易，同外国侵略势力进行了英勇的斗争。第五，启迪和鼓舞了后来的反帝反封建斗争。在19世纪中叶的亚洲民族解放运动中，太平天国起义是其中时间最久、规模最大、影响最深的一次。它和其他亚洲国家的民族解放运动汇合在一起，冲击了西方殖民主义者在亚洲的统治。

2. 如何理解《天朝田亩制度》和《资政新篇》

《天朝田亩制度》是最能体现太平天国社会理想和这次农民起义特色的纲领性文件。它确立了平均分配土地的方案，即根据“凡天下田，天下人同耕”的原则，将土地按亩产高低划分为9等，好坏搭配，按人口平均分配。凡16岁以上的男女，每人皆可分得一份数量相同的土地，不满16岁的减半。太平天国的领导者们希望通过施行这样的方案，建立“有田同耕，有饭同食，有衣同穿，有钱同使，无处不均匀，无人不饱暖”的理想社会。所以，《天朝田亩制度》实际上是一个以解决土地问题为中心的比较完整的社会改革方案。

《天朝田亩制度》的主张，从根本上否定了封建社会的基础即封建地主的土地所有制，体现了广大农民要求平均分配土地的强烈愿望，是对以往农民战争中“均贫富”“等贵贱”和“均平”“均田”思想的发展和超越，具有进步意义。不过，它并没有超出农民小生产者的狭隘眼界。它所描绘的理想天国，仍然是闭塞的自给自足的自然经济，是小农业和家庭手工业相结合的传统生活方式，同时又是一个没有商品交换、绝对平均的社会。这种社会理想，在很大程度上具有不切实际的空想的性质。实际上，《天朝田亩制度》中的平分土地方案即使在太平军占领地区也并未能付诸实行。

《资政新篇》是太平天国后期颁布的社会发展方案。它的主要内容是：在政治方面，主张“禁朋党之弊”，加强中央集权，并学习西方，制定法律、制度。在经济方面，主张发展近代工矿、交通、邮政、银行等事业，奖励科技发明和机器制造，尤其是提出“准富者请人雇工”，对穷人“宜令做工，以受所值”，这就把向西方的学习，从生产力的领域扩展到生产关系的领域，即开始提倡资本主义的雇佣劳动制了。在文化方面，建议设立新闻馆，“以报时事常变”，破除陈规陋俗，提倡兴办学校、医院和社会福利事业。在外交方面，主张同外国平等交往、自由通商，“与番人并雄”，但严禁鸦片输入。对于外国人，强调“准其为国献策，不得毁谤国法”。《资政新篇》是一个具有资本主义色彩的方案。但是限于当时的历史条件，未能付诸实施。

3. 太平天国农民战争失败的原因、教训是什么

太平天国农民战争失败的原因，从客观方面说，清政府实行“借师助剿”政策，中外反动势力勾结起来，使双方实力对比悬殊，失败难以避免。从主观方面说，具体表现在：第一，农民阶级的局限性。农民阶级不是新的生产力和生产关系的代表，无法克服小生产者所固有的阶级局限性，因而无法从根本上提出完整的、正确的政治纲领和社会改革方案；

无法制止和克服领导集团自身腐败现象的滋长；也无法长期保持领导集团的团结。这些情况都削弱了太平天国的向心力和战斗力。第二，战略上的失误。太平军偏师北伐，孤军深入，分散了兵力。第三，缺乏科学的思想理论作为指导。太平天国是以宗教来发动、组织群众的，但是拜上帝教教义毕竟不是科学的思想理论，它不仅不能正确指导战争，反而给农民战争带来了危害。第四，对西方资本主义侵略还缺乏理性的认识。不能把西方国家的侵略者与人民群众区别开来，而是笼统地把信奉天父上帝的西方人都视为“洋兄弟”。第五，太平天国没能正确对待儒学。

太平天国起义及其失败表明，在半殖民地半封建的中国，农民具有伟大的革命潜力，但自身不能担负起领导反帝反封建斗争取得胜利的重任。单纯的农民战争不可能完成争取民族独立和人民解放的历史任务。

4. 如何理解洋务运动的目的和指导思想

19 世纪 60 年代，清政府一部分中央和地方的官僚，掀起了一个延续 30 多年地向西方学习的社会改革运动，主张引进、仿造西方的武器装备和学习西方的科学技术，创设近代企业，兴办洋务，后人称之为“洋务运动”。这些官员被称为“洋务派”，主要代表人物有奕䜣、曾国藩、李鸿章、左宗棠、张之洞等。1861 年总理各国事务衙门的成立，标志着洋务运动的兴起；1895 年中国在甲午战争中惨遭失败，标志着洋务运动的失败。

洋务派兴办洋务事业，首先是为了购买和制造洋枪洋炮以镇压农民起义，同时也有借此加强海防、边防，并乘机发展本集团的政治、经济、军事实力的意图。洋务派兴办洋务新政，主要是为了维护封建统治，并不是要使中国朝着独立的资本主义方向发展。

对洋务派兴办洋务事业的指导思想最先作出比较完整表述的是冯桂芬。他在《校邠庐抗议》一书中说：“以中国之伦常名教为原本，辅以诸国富强之术。”这个思想后来被进一步概括为“中学为体，西学为用”。所谓“中体西用”，就是以中国封建伦理纲常所维护的统治秩序为主体，以西方的近代工业和技术为辅助，并以前者来支配后者。

5. 洋务运动的主要内容有哪些

第一是兴办近代企业。洋务派首先兴办的是军用工业，这些企业都是官办的。其中规模较大的有 5 个：1865 年，曾国藩支持、李鸿章筹办的上海江南制造总局，是当时国内最大的兵工厂；同年，李鸿章在南京设立金陵机器局；1866 年，左宗棠在福建创办的福州船政局（附设有船政学堂），是当时国内最大的造船厂；次年，崇厚在天津建立天津机器局；1890 年，张之洞在汉阳创办湖北枪炮厂。

洋务派还兴办了一些民用企业。这些企业除少数采取官办或官商合办的方式外，多数都采取官督商办的方式。其中最重要的官督商办企业有轮船招商局、开平矿务局、天津电报局和上海机器织布局，都是李鸿章筹办或控制的。这些官督商办的民用企业，虽然受官僚的控制，发展受到很大限制，但基本上是资本主义性质的近代企业。

第二是建立新式海军和陆军。19 世纪 60 年代，京师和天津、上海、广州、福州等地的军队纷纷改用洋枪、洋炮，聘用外国教练。李鸿章的淮军、左宗棠的湘军也是用洋枪装备的军队。1874 年，日本派兵侵犯中国台湾，清政府筹办海防、建设海军之议随之兴起。从 19 世纪 70 年代到 90 年代，分别建成福建水师、广东水师、南洋水师和北洋水师。其中北洋水师是清政府的海军主力，拥有舰艇 20 多艘，这支舰队一直归李鸿章管辖。

第三是创办新式学堂，派遣留学生。洋务派创办的新式学堂主要有三种：一为翻译学堂，如京师同文馆，主要培养翻译人才；一为工艺学堂，培养电报、铁路、矿务、西医等专门人才；一为军事学堂，如船政学堂等，培养新式海军人才。在创办新式学堂的同时，还先后派遣赴美幼童和官费赴欧留学生 200 多人。

6. 洋务运动的历史作用和失败原因是什么

洋务运动是清朝封建统治阶级中的洋务派为了维护清朝的封建统治而实行的一场自救改革运动，是希望通过学习西方，使中国走上富国强兵之路的一次尝试或努力。既有其进步性，也具有落后保守性。洋务运动在客观上对中国的早期工业和民族资本主义的发展起了某些促进作用。为了培养通晓洋务的人才，洋务运动时期，开办了一批新式学堂，派出了最早的官派留学生，这是中国近代教育的开始。与此同时，还翻译了一批近代自然科学书籍，给当时的中国带来了新的知识，使人们开阔了眼界。洋务运动时期，伴随着资本主义生产方式的出现，传统的“重本抑末”等观念受到冲击，社会风气和价值观念开始变化，工商业者的地位上升。这一切，都有利于资本主义经济的发展，也有利于社会风气的改变。

洋务运动的失败主要有以下几个原因。第一，洋务运动具有封建性。洋务运动的指导思想是“中学为体，西学为用”。洋务派企图在不改变中国固有的制度与道德的前提下，以吸取西方近代生产技术为手段，来达到维护和巩固中国封建统治的目的，这就决定了它必然失败的命运。他们既要发展近代企业，却又采取垄断经营、侵吞商股等手段压制民族资本；既想培养洋务人才，又不愿改变封建科举制度。第二，洋务运动对外国具有依赖性。西方列强依据种种特权，从政治、经济等各方面加紧对中国的侵略控制。他们并不希望中国真正富强起来，而洋务派处处依赖外国，企图以此来达到“自强”“求富”的目的，无异于与虎谋皮。第三，洋务企业的管理具有腐朽性。洋务企业虽然具有一定的资本主义性质，但其管理却仍是封建衙门式的。企业内部极其腐败，充斥着营私舞弊、贪污受贿、挥霍浪费等官场恶习，大小官员既不懂生产技术，又不懂经营管理，无法维持企业的正常运行。这些难以摆脱的严重桎梏，使洋务运动必然走入穷途末路。

正因为如此，洋务运动不可能为中国摆脱贫弱找到出路，也不可能避免最终失败的命运。

7. 戊戌维新运动的过程及内容是什么

19 世纪 90 年代以后，中国民族资本主义有了初步发展。甲午战争的惨败，造成了新的民族危机，激发了新的民族觉醒。而站在救亡图存和变法维新前列的，正是代表民族资本主义发展要求的知识分子。他们把向西方学习推进到一个新的高度，即不但要求学习西方的科学技术，而且要求学习西方资本主义的政治制度和思想文化。1895 年，丧权辱国的《马关条约》签订后，在京参加会试的举人共同发起“公车上书”，标志着改良主义政治运动的开端。除上书之外，维新派还通过著书立说、介绍外国变法的经验教训、办学会、设学堂、办报纸等方式宣传维新变法思想。在此期间，维新派与守旧派围绕三个问题展开了一场激烈论战：要不要变法；要不要兴民权、设议院，实行君主立宪；要不要废八股、改科举和兴西学。

1898 年 6 月 11 日，光绪皇帝颁布了“明定国是”谕旨，宣布开始变法，并在此后的 103 天中，接连发布了一系列推行新政的政令，史称戊戌变法，又称“百日维新”。

在政治方面，改革行政机构，裁撤闲散、重叠机构；裁汰冗员，澄清吏治，提倡廉政；提倡向皇帝上书言事等。在经济方面，保护、奖励农工商业和交通采矿业，中央设立农工商总局与铁路矿务总局，各省设立商务局；提倡开办实业，奖励发明创造；注重农业发展，提倡西法垦殖，建立新式农场；广办邮政，修筑铁路；开办商学、商报，设立商会等各类组织；改革财政，编制国家预决算。在军事方面，裁减旧式绿营兵，改练新式陆军；采用西洋兵制，练洋操、习洋枪等。在文化教育方面，创设京师大学堂，各省书院改为高等学堂，在各地设立中、小学堂；提倡西学，废除八股，改试策论，开经济特科；设立译书局，翻译外国书籍，派人出国留学；奖励新著，奖励创办报刊，准许自由组织学会。

新政遭到了封建守旧势力的激烈反对。9 月 21 日，以慈禧太后为首的保守势力发动政变，将光绪皇帝软禁于中南海瀛台。维新派人士和参与或同情变法的官员，或被囚禁，或被革职，或遭放逐。戊戌维新运动宣告失败。

8. 戊戌维新运动的意义是什么

第一，是一次爱国救亡运动。维新派在民族危亡的关键时刻，高举救亡图存的旗帜，要求通过变法，发展资本主义，使中国走向富强。维新派的政治实践和思想理论，不仅贯穿着强烈的爱国主义精神，而且推动了中华民族的觉醒。

第二，是一场资产阶级性质的政治改良运动。维新派突破洋务派“中体西用”思想的局限，主张用君主立宪制取代君主专制制度。虽然未能成功地建立起资本主义的君主立宪制度，其颁布的促进民族资本主义发展的若干措施也未能生效，但却在政治、经济等领域一定程度地冲击了封建制度。

第三，是一场思想启蒙运动。维新派大力传播西方资产阶级的社会政治学说和自然科学知识，宣传自由平等、社会进化观念，批判封建君权和封建纲常伦理，从而把顽固的封建主义思想壁垒打开了一个缺口，有利于民主思想在中国的传播，有利于人们的思想解放。在教育方面，维新派主张采用西方近代教育制度，兴办新式学堂，这对中国近代教育的发展起了积极的推动作用。另外，维新派在改革社会风习方面也提出了许多新的主张。

9. 戊戌维新运动失败的原因是什么

戊戌维新运动失败的原因：第一，新旧力量对比悬殊。主要是以慈禧太后为首的强大的守旧势力的反对。第二，维新派本身具有严重的历史局限性。一是不敢否定封建主义。他们在政治上不敢根本否定封建君主制度，只是幻想通过和平、合法的手段，实现自上而下的改良，让资产阶级和开明士绅的代表参加政权，逐步实现君主立宪。在经济上，虽然要求发展民族资本主义，却未触及封建主义的经济基础——封建土地所有制。在思想上，他们虽然提倡学习西学，却仍要打着孔子的旗号，借古代圣贤之名“托古改制”。二是对帝国主义抱有幻想。他们大声疾呼救亡图存，却又幻想西方列强能帮助自己变法维新，结果却处处碰壁。三是惧怕人民群众。维新派的活动基本上局限于官僚士大夫和知识分子的小圈子。他们不但脱离人民群众，而且惧怕甚至仇视人民群众。因此，运动未能得到人民群众的支持。

戊戌维新运动的失败，不但暴露了中国民族资产阶级的软弱性，同时也说明在半殖民地半封建的旧中国，企图通过统治者走自上而下的改良道路，是根本行不通的。要想争取国家的独立、民主、富强，必须用革命的手段，推翻帝国主义、封建主义联合统治的半殖民地半封建的社会制度。

学习检测

一、单项选择题

1. 标志着太平天国政权初具规模的事件是（　　）。

A. 定都天京　　B. 永安建制　　C. 金田起义　　D. 东征胜利

2. 太平天国由盛转衰的分水岭是（　　）。

A. 天京事变　　B. 天京陷落　　C. 北伐失利　　D. 西征失利

3. 洋务运动时，创办近代国内最大造船厂福州船政局的是（　　）。

A. 张之洞　　B. 李鸿章　　C. 曾国藩　　D. 左宗棠

4. 洋务运动的指导思想是（　　）。

A. “师夷长技以制夷”　　B. “中学为体、西学为用”

C. “扶清灭洋”　　D. “自强”“求富”

5. 戊戌维新时期，维新派在上海创办的影响较大的报刊是（ ）。

A.《时务报》 B.《国闻报》 C.《湘报》 D.《万国公报》

6. 将中国领土台湾割让给日本的不平等条约是（ ）。

A.《南京条约》 B.《北京条约》 C.《瑷珲条约》 D.《马关条约》

7. 标志着洋务运动“师夷长技以自强”愿望破产的是（ ）。

A. 中国民族资本主义的兴起 B. 甲午中日战争中国战败

C. 中法战争中国不败而败 D. 义和团运动兴起和发展

8. 19 世纪中叶，太平天国颁布的带有空想色彩的农民革命的纲领性文件是（ ）。

A.《天朝田亩制度》 B.《中国同盟会总章》

C.《中华民国临时约法》 D.《土地法》

9. 对洋务派兴办洋务事业的指导思想最先作出比较完整表述的是（ ）。

A. 奕䜣 B. 冯桂芬 C. 曾国藩 D. 李鸿章

10. 近代中国派遣的最早的官派留学生是在（ ）。

A. 洋务运动时期 B. 戊戌维新时期

C. 清末“新政”时期 D. 辛亥革命时期

11. 标志着太平天国起义失败的事件是（ ）。

A. 天京事变 B. 天京陷落 C. 北伐失利 D. 西征失利

12. 洋务运动时期，主要培养翻译人才的学校是（ ）。

A. 京师大学堂 B. 工艺学堂 C. 船政学堂 D. 京师同文馆

13. 戊戌维新时期，梁启超的主要著述是（ ）。

A.《日本变政考》 B.《仁学》

C.《新学伪经考》 D.《变法通议》

14. 戊戌政变后，新政措施大都被废除，保留下来的是（ ）。

A. 京师大学堂 B. 准许旗人自谋生计

C. 改革财政 D. 改革行政机构

15. 戊戌维新时期，康有为主持的重要学堂是（ ）。

A. 京师大学堂 B. 广方言馆 C. 广州万木草堂 D. 时务学堂

16. 19 世纪 60 年代到 90 年代，清朝统治阶级内部的洋务派兴办近代企业，建立新式海陆军，创办新式学堂，派遣留学生，洋务派兴办洋务派新政的主要目的是（ ）。

A. 迎合帝国主义 B. 维护封建统治

C. 对抗顽固派 D. 发展资本主义

——该题出自“2018 年硕士研究生入学考试政治试题”第 10 题

17. 由于民族危机越来越严重，在维新派的推动和策划下，1898 年 6 月 11 日，光绪皇帝颁布了“明定国是”谕旨，宣布开始变法，并在此后的 103 天中，接连发布了一系列推行新政的政令，史称“戊戌变法”，又称“百日维新”。戊戌维新是一场资产阶级性质的改良运动，这是因为变法的政令（　　）。

A. 触及封建制度根本

B. 采纳了维新派提出的开国会等政治主张

C. 一定程度上反映了资产阶级的政治和经济诉求

D. 带有彻底性和不妥协性

——该题出自“2019 年硕士研究生入学考试政治试题”第 9 题

二、多项选择题

1. 甲午中日战争后，迫使日本将辽东半岛“还给”中国的国家包括（　　）。

A. 俄国　　B. 英国　　C. 德国　　D. 法国

2. 19 世纪 90 年代，资产阶级维新派创办的学会主要有（　　）。

A. 兴中会　　B. 强学会　　C. 南学会　　D. 保国会

3. 洋务运动失败的原因有（　　）。

A. 洋务运动具有封建性　　B. 洋务运动对外国具有依赖性

C. 洋务企业的管理具有腐朽性　　D. 洋务企业具有反动性

4. 在中国近代史上，资产阶级维新派自身的弱点和局限主要有（　　）。

A. 民族资产阶级的社会基础相当狭窄　　B. 不敢否定封建主义

C. 对帝国主义抱有幻想　　D. 惧怕人民群众

5. 洋务派创办的近代军事工业有（　　）。

A. 江南制造总局　　B. 马尾船政局　　C. 天津机器局　　D. 开平矿务局

6. 《天朝田亩制度》的主张（　　）。

A. 从根本上否定了封建土地所有制

B. 表现了广大农民平均分配土地的强烈愿望

C. 是对以往“均平”“均田”思想的发展

D. 仍有农民小生产者的狭隘

7. 对洋务运动的下列评价中，正确的是（　　）。

A. 客观上刺激了中国资本主义的发展

B. 派出了最早的官派留学生，是中国近代教育的开始

C. 使中国走上资本主义道路

D. 引进西方先进技术，培养了一批科技人才

8. 在戊戌维新运动中，维新派在改革社会风习方面提出了许多新的主张，主要有（　　）。

A. 主张革除吸食鸦片　　B. 主张革除妇女缠足

C. 提出“剪辫易服”　　D. 倡导讲文明、重卫生

9. 从19世纪60年代到90年代，洋务派举办的洋务事业主要有（　　）。

A. 兴办近代企业　　B. 建立新式海陆军　　C. 创办新式学堂　　D. 派遣留学生

10. 太平天国的历史意义有（　　）。

A．太平天国起义沉重打击了封建统治阶级，强烈撼动了清政府的统治根基

B．太平天国起义是中国旧式农民战争的最高峰

C．太平天国起义冲击了孔子和儒家经典的正统权威

D．太平天国起义有力地打击了外国侵略势力

11. 以下洋务运动时期李鸿章创办的军事工业有（　　）。

A. 江南制造总局　　B. 金陵机器局　　C. 天津机器局　　D. 湖北枪炮厂

12. 19世纪70年代到90年代，清政府筹办海防，建成的海军有（　　）。

A. 南洋水师　　B. 北洋水师　　C. 福建水师　　D. 广东水师

13. 戊戌六君子包括（　　）。

A. 谭嗣同　　B. 梁启超　　C. 林旭　　D. 康广仁

14. 天京事变中发生的历史事件包括（　　）。

A. 陈玉成、李秀成等青年将领被提拔　　B. 杨秀清、韦昌辉被杀

C. 石达开出走　　D. 洪秀全病故

15. 维新运动期间，维新派与守旧派展开了激烈论战，主要围绕的问题有（　　）。

A. 要不要变法　　B. 要不要设议院、实行君主立宪

C. 要不要推翻帝制　　D. 要不要废八股、改科举

16. 钓鱼岛及其附属岛屿是中国领土不可分割的一部分。中国最早发现、命名、利用和管辖钓鱼岛。1895年，清朝在甲午战争中战败，被迫与日本签署不平等的《马关条约》，割让“台湾全岛及所有附属各岛屿”。钓鱼岛等作为台湾“附属岛屿”一并被割让给日本。1941年12月，中国政府正式对日宣战，宣布废除中日之间的一切条约。日本投降后，依据有关国际文件规定，钓鱼岛作为台湾的附属岛屿应与台湾一并归还中国。这些国际文件是（　　）。

A.《日本投降书》　　B.《波茨坦公告》　　C.《开罗宣言》　　D.《德黑兰宣言》

——该题出自“2014年硕士研究生入学考试政治试题”第28题

17. 甲午，对中国人民和中华民族具有特殊含义，在我国近代史上也具有特殊含义。1894年7月，日本发动甲午战争，清朝在战争中战败。这场战争对中国的影响主要有（　　）。

A 台湾被日本侵占

B 中国人开始有了普遍的民族意识觉醒

C 帝国主义列强掀起瓜分中国的狂潮

D 中国海关的行政权落入外国人手中

——该题出自“2015年硕士研究生入学考试政治试题”第27题

18. 1898年的“百日维新”如昙花一现，只经历103天就夭折了。谭嗣同在慷慨就义前仰天长叹：“有心杀贼，无力回天。”维新派“无力回天”的原因主要是（　　）。

A. 他们提倡全面学习“西学”，彻底否定“中学”

B. 他们遭到了以慈禧太后为首的强大的守旧势力的反击和镇压

C. 他们不敢触动封建主义的经济基础

D. 他们惧怕人民群众，把改革的全部希望寄托在一个没有实权的皇帝身上

——该题出自“2016年硕士研究生入学考试政治试题”第27题

三、判断题

1. 太平天国正式建立起与清政府对峙的农民政权开始于永安建制。

2. 洪秀全创立拜上帝教，其理论特点是把西方资本主义的政治学说同中国农民平均主义结合起来。

3. 中国人民的民族意识开始普遍觉醒是在甲午中日战争以后。

4. 太平天国后期，提出《资政新篇》这一具有资本主义色彩改革方案的是洪仁玕。

5. 光绪皇帝宣布变法的维新运动，史称“戊戌政变”。

四、材料分析题

结合材料回答问题

材料1：近代以来，一些爱国人士提出过工业救国、教育救国、科学救国等主张，并为此进行过努力，对中国近代社会的进步作出了一定的贡献。但是，在民族不独立、国家不统一、人民无权利的半殖民地半封建社会里，这些主张并不能从根本上给濒临危亡的中国指明正确的出路。由于这些良好的愿望在实践中不断碰壁，他们中的许多人终于抛弃了这些幻想，毅然走上了争取民族独立和人民解放的斗争道路。

——《中国近现代史纲要》2018年版

材料2：在新中国成立前夕，毛泽东指出：“就是这样，西方资产阶级的文明，资产阶级的民主主义，资产阶级共和国的方案，在中国人民的心目中，一齐破了产。资产阶级

的民主主义让位给工人阶级领导的人民民主主义，资产阶级共和国让位给人民共和国。”这段话，是对近代以来中国人民斗争历史经验的总结，它揭示了广大中国人民在长期探索、艰苦奋斗的基础上共同确认的一个历史性的真理。

——《中国近现代史纲要》2018 年版

（1）近代中国的主要矛盾和历史任务是什么？

（2）分析近代以来中国的仁人志士对挽救中华民族危亡、实现民族复兴道路的探索。

参考答案

一、单项选择题

1.B　2.A　3.D　4.B　5.A　6.D　7.B　8.A　9.B　10.A　11.B　12.D　13.D　14.A　15.C　16.B　17.C

二、多项选择题

1.ACD　2.BCD　3.ABC　4.ABCD　5.ABC　6.ABCD　7.ABD　8.ABCD　9.ABCD　10.ABCD　11.AB　12.ABCD　13.ACD　14.BC　15.ABD　16.ABC　17.ABC　18.BCD

三、判断题

1.×　2.×　3. √　4. √　5.×

四、材料分析题

（1）近代中国半殖民地半封建社会的矛盾中，占支配地位的主要矛盾，是帝国主义和中华民族的矛盾，封建主义和人民大众的矛盾。这两对主要矛盾及其斗争贯穿整个中国半殖民地半封建社会的始终，并对中国近代社会的发展变化起着决定性的作用。而帝国主义和中华民族的矛盾，是最主要的矛盾。近代中国的历史任务是争取民族独立、人民解放和实现国家富强、人民富裕，这两个任务是互相区别又紧密联系的。只有争得民族独立和人民解放，才能为实现国家富强和人民富裕创造前提、开辟道路。

（2）近代以来的历史表明，为了使中国在世界上站起来，为了使中国人民过上幸福、富裕的生活，就必须推翻帝国主义、封建主义联合统治的半殖民地半封建的社会制度；争得民族独立和人民解放，就必须首先进行反帝反封建的民主革命。因为帝国主义列强绝不会自动放弃在中国攫取的特权，封建主义势力也绝不肯自动放弃自己控制的政权，所以以改良的方式是不可能改变帝国主义和封建主义联合统治中国的半殖民地半封建社会的制度的。资产阶级共和国的救国方案，在中国也是行不通的。只有通过革命争得民族独立、人民解放以后，中国人民才有可能集中力量进行现代化建设，逐步改变贫穷落后的面貌，实现国家的富强和人民的富裕，从而使无数爱国志士和革命先驱为之献身的中华民族伟大复兴的梦想真正成为现实。

第三章　辛亥革命与君主专制制度的终结

知识图谱

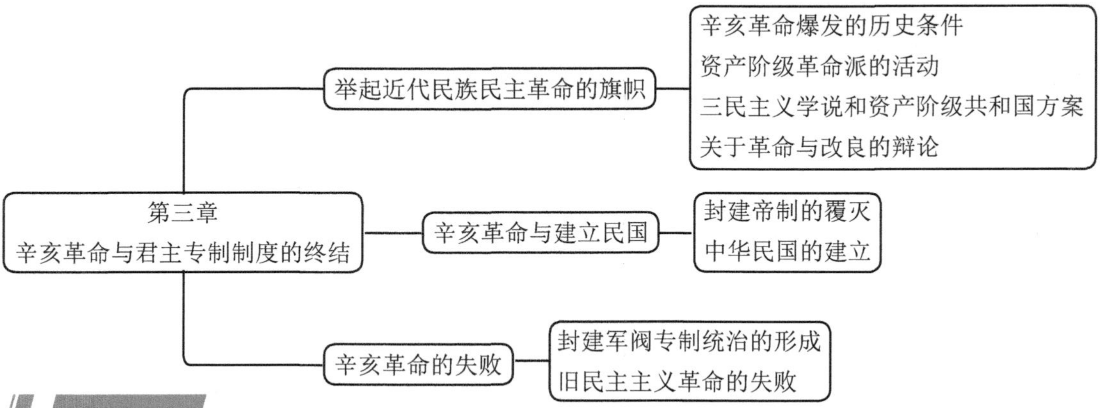

要点解析

辛亥革命是资产阶级领导的以反对封建君主专制制度、建立资产阶级共和国为目的的革命，是一次比较完全意义上的资产阶级民主革命。这场革命的发生，是当时民族危机加深、社会矛盾激化的结果，具有历史的必然性。它是当时中国人民争取民族独立、振兴中华深切愿望的集中反映，是当时中国人民为救亡图存而前赴后继顽强斗争的集中体现。辛亥革命的失败表明，资产阶级共和国的方案没有能够救中国，先进的中国人需要进行新的探索，为中国谋求新的出路，这也是本章的重点和要点。

1. 如何理解辛亥革命前夜的复杂危机

第一，民族危机空前深重。帝国主义列强在迫使中国签订《辛丑条约》以后，加强了对清政府的政治控制，多方扩展在华经济势力。外国在华投资规模急速扩张，包括扩大设厂规模和给清政府大量高息贷款，而铁路、矿山的利权更成为帝国主义掠夺的重要目标。英国派兵侵入中国西藏地区、日俄战争等显示了帝国主义列强的侵略意图，中国的民族危机进一步加深了。

第二，社会危机全方位爆发。20 世纪初，各阶层人民的斗争风起云涌，遍及全国。从 1902 年至 1911 年间，各地较大规模的民变多达 1300 余起。其中包括各阶层人民的反洋教斗争，农民、手工业者的抗租、抗捐、抗税斗争，工人的罢工斗争，商人的罢市斗争，少数民族与会党的起事等。同时，还发生了拒俄、拒法、抵制美货等爱国运动以及收回利权运动和保路运动等。在一些运动中，资产阶级开始成为主要的角色。

第三，统治危机无以缓解。为了对外支付巨额赔款等，十多年间，清政府的财政开支激增 4 倍之多。在清朝的最后几年里，各种旧税一次又一次被追加，种种巧立名目的新税更是层出不穷，各级官吏还要中饱私囊，致使民怨沸腾。预备立宪并没有能够挽救清王朝，反而激化了社会矛盾，加重了危机。统治集团内部因满汉矛盾和中央与地方矛盾的尖锐而分崩离析。清政府已陷入无法照旧统治下去的境地。

2. 如何正确看待清末十年的“新政”及其破产

为了摆脱困境，清政府于 1901 年 4 月成立督办政务处，宣布实行“新政”，陆续推行了一些改革。清末十年的“新政”，大致可以 1906 年为界分为两个阶段：

第一阶段，清政府主要是通过对封建专制体制的修补以自救。例如，设立商部、学部、巡警部等中央行政机构；裁撤绿营，建立新军；颁布商法商律，奖励工商；鼓励留学，颁布新的学制，并下令从 1906 年起正式废除科举考试。

第二阶段，迫于内外压力，清政府于 1906 年宣布“预备仿行宪政”，并于 1908 年颁布了《钦定宪法大纲》，制定了一个仿效日本实行君主立宪的方案，但又规定了 9 年的预备立宪期限。预备立宪并没能挽救清王朝，反而激化了社会矛盾，加重了危机。主要原因在于，清政府改革的根本目的是延续其反动统治。为了巩固皇权，清政府迟迟不答应资产阶级立宪派提出的关于立即召开国会的要求，镇压了立宪派的国会请愿运动，同时还不断借立宪之名加强皇权。1911 年 5 月，在为形势所迫不得不成立的责任内阁里，13 名大臣中满族就有 9 人，其中皇族占 7 人，被讥为“皇族内阁”。这不仅使立宪派大失所望，也使统治集团内部因满汉矛盾和中央与地方矛盾的尖锐而分崩离析。

之后，武昌起义爆发，清王朝与帝制一起覆亡。事实表明，清政府已陷入无法照旧统治下去的境地。旧式封建王朝的统治者，无力领导中国完成救亡图存、富强民主的革命。

3. 为什么说辛亥革命是一场比较完全意义上的中国资产阶级革命

资产阶级的领导阶级和领导者：19 世纪末 20 世纪初，中国民族资本主义得到了初步的发展。民族资产阶级为了冲破帝国主义、封建主义的桎梏，发展资本主义，需要自己政治利益的代言人和经济利益的维护者。这正是资产阶级革命派形成的阶级基础。资产阶级革命派的骨干是一批资产阶级、小资产阶级知识分子。这个知识分子群体的出现与戊戌维新运动及 20 世纪初清政府兴学堂、派留学生的措施有关。这些青年学生接触到近代西方资本主义的思想文化，其中不少人在民族危难加深、群众自发斗争高涨形势的推动下，开始摸索救国救民的新道路。领导者则是以孙中山为代表的中国资产阶级革命派。

资产阶级革命党人的目标和纲领：以孙中山为首的资产阶级革命派在踏上革命道路之时，就高举民主革命的旗帜，并选择了以武装起义推翻清王朝统治的斗争方式。这也是中国资产阶级革命派与改良派的根本不同之处。孙中山将同盟会的纲领概括为三大主义，即民族主义、民权主义、民生主义，后被称为“三民主义”。其中民权主义的内容是“创立民国”，即推翻封建君主专制制度，建立资产阶级民主共和国，这是革命派一直坚持的革命目标。

资产阶级革命党人的革命斗争：资产阶级革命派通过各种宣传革命的书籍报刊，广泛传播民主革命思想；在资产阶级革命思想的传播过程中，资产阶级革命团体也在各地次第成立，为革命思想的传播和革命运动的发展提供了不可缺少的组织力量；革命党人不仅提出了革命纲领，而且从事实际的革命活动，先后发动了多次武装起义。

武昌起义的胜利和中华民国的建立：1911 年 10 月，驻武昌的新军工程第八营的革命党人打响了起义的第一枪，起义军一夜之间就占领武昌，取得首义的胜利。武昌起义掀起了辛亥革命的高潮，打开了清王朝统治的缺口。大江南北、长城内外，到处燃起革命的烈火。在一个月内，就有 13 个省以及上海和许多州县宣布起义，脱离清政府的统治。腐朽的清王朝迅速土崩瓦解。1912 年 2 月 12 日，清帝被迫退位，在中国延续了两千多年的封建帝制终于覆灭。1912 年 1 月 1 日，孙中山在南京宣誓就职，改国号为中华民国，定 1912 年为民国元年，并成立中华民国临时政府。南京临时政府是一个资产阶级共和国性质的革命政权。资产阶级革命派在这个政权中占有领导和主体的地位。

《临时约法》的颁布：1912 年 3 月，临时参议院颁布《中华民国临时约法》，这是中国历史上第一部具有资产阶级共和国宪法性质的法典。《临时约法》以根本大法的形式废除了两千多年来的封建君主专制制度，确认了资产阶级共和国的政治制度。

辛亥革命是资产阶级领导的以反对封建君主专制制度、建立资产阶级共和国为目的的革命，是一次比较完全意义上的资产阶级民主革命。正如毛泽东指出的：“中国反帝反封建的资产阶级民主革命，正规地说起来，是从孙中山先生开始的。”

4. 如何理解孙中山提出的“三民主义”思想

1905 年 11 月，在同盟会机关报《民报》发刊词中，孙中山将同盟会的纲领概括为三大主义，即民族主义、民权主义、民生主义，后被称为“三民主义”。

民族主义包括“驱除鞑虏，恢复中华”两项内容。一是要以革命手段推翻清朝政府，改变它一贯推行的民族歧视和民族压迫政策；二是建立中华民族“独立的国家”。但是，同盟会纲领中的民族主义没有从正面鲜明地提出反对帝国主义的主张。同时，他们也没有明确地把汉族军阀、官僚、地主作为革命对象，从而给了这部分人后来从内部和外部破坏革命的可乘之机。

民权主义的内容是“创立民国”，即推翻封建君主专制制度，建立资产阶级民主共和国。这就是孙中山所说的政治革命。政治革命的目的是建立民国。孙中山强调，政治革命应当与民族革命并行。民族革命是扫除“现在的恶劣政治”，而政治革命则是扫除“恶劣政治的根本”，从而把斗争矛头直接指向集国内民族压迫和封建专制统治于一身的清政府。不过，民权主义虽然强调了要建立民主共和国，却忽略了广大劳动群众在国家中的地位，因而难以使人民的民主权利得到真正的保证。

民生主义在当时指的是“平均地权”，也就是孙中山所说的社会革命。但是，孙中山“平均地权”的主张，没有正面触及封建土地所有制，不能满足广大农民的土地要求，在革命中难以成为发动广大工农群众的理论武器。

孙中山的三民主义学说，初步描绘出中国还不曾有过的资产阶级共和国方案，是一个比较完整而明确的资产阶级民主革命纲领。它的提出，对推动革命的发展产生了重大而积极的影响。

5. 为什么说辛亥革命引起了近代中国的历史性巨变

辛亥革命是资产阶级领导的以反对君主专制制度、建立资产阶级共和国为目的的革命，是一次比较完全意义上的资产阶级民主革命。在近代历史上，辛亥革命是中国人民救亡图存、为振兴中华而奋起革命的一个里程碑，它使中国发生了历史性巨变。

第一，辛亥革命推翻了封建势力的政治代表、帝国主义在中国的代理人——清王朝的统治，沉重打击了中外反动势力，使中国反动统治者在政治上乱了阵脚。在这以后，帝国主义和封建势力在中国再也不能建立起比较稳定的统治，从而为中国人民斗争的发展开辟了道路。

第二，辛亥革命结束了中国两千多年封建社会的君主专制制度，建立了中国历史上第一个资产阶级共和政府，使民主共和的观念开始深入人心，并在中国形成了“敢有帝制自为者，天下共击之”的民主主义观念。正因为如此，当袁世凯、张勋先后复辟帝制时，均受到了社会舆论的强烈谴责和人民群众的坚决反抗。

第三，辛亥革命推动了中国人民的思想解放。自古以来，皇帝被看作是至高无上、神圣不可侵犯的绝对权威，如今连皇帝都可以被打倒，那么还有什么陈腐的东西不可以被怀疑、不可以被抛弃？辛亥革命激发了人民的爱国热情和民族觉醒，打开了禁锢思想进步的闸门。

第四，辛亥革命推动了中国的社会变革，促使中国的社会经济、思想习惯和社会风俗等方面发生了新的积极变化。这些变化不仅改变了社会风气，也有助于人们的精神解放。

6. 为什么说袁世凯窃夺辛亥革命的果实之后，建立的是封建军阀统治

首先，在政治上，北洋政府实行军阀官僚的专制统治。以袁世凯为首的封建军阀大力扩充军队，建立特务、警察系统。他们制定《暂行新刑律》《戒严法》等一系列反动法令，剥夺《临时约法》赋予人民的言论、出版、集会、结社等各种政治权利，肆意逮捕、杀害革命党人和无辜民众。袁世凯公然撕毁《临时约法》，炮制了一个《中华民国约法》，用总统制取代内阁制。他又通过修改《总统选举法》，使大总统不仅可以无限期连任，而且可以推荐继承人。这样，袁世凯不仅可以终身独揽政权，而且还可以将其传子传孙。

其次，在经济上，北洋政府竭力维护帝国主义、地主阶级和买办资产阶级的利益。军阀、官僚本身就是大地主，他们以各种手段兼并土地。军阀与官僚还借助政治势力，组成官僚买办资本集团，操纵、垄断财政金融和工业、运输业。

第三，在文化思想方面，尊孔复古思潮猖獗一时。袁世凯向全国发布《通令尊崇孔圣文》。又命令全国恢复祀孔、祭孔典礼，恢复跪拜礼节。一些清朝遗老遗少、保守分子纷纷组织尊孔复古团体，发行尊孔刊物。他们攻击民主共和，宣传封建伦常。

总之，北洋政府从政治上、经济上和文化思想上对辛亥革命进行了全面的反攻倒算。中国重新落入了黑暗的深渊。资产阶级革命派在中国建立一个独立、民主的资产阶级共和国的梦想破灭了。因此说，袁世凯窃夺辛亥革命的果实之后，建立的是代表大地主和买办资产阶级利益的封建军阀反动政权。

7. 辛亥革命失败的原因和教训有哪些

辛亥革命失败的原因，从根本上说，是因为在帝国主义时代，在半殖民地半封建的中国，资本主义的建国方案是行不通的。尽管当时先进的中国人真诚地希望把中国建设成为资产阶级共和国，但是，帝国主义绝不容许中国建立一个独立、富强的资产阶级共和国，从而使自己失去中国这个占世界人口1/4的剥削、奴役的对象。因此，它们用政治、外交、军事、经济、财政等各种手段来破坏、干涉中国革命，扶植并支持它们的代理人袁世凯夺取政权。帝国主义与以袁世凯为代表的大地主大买办势力以及旧官僚、立宪派一起勾结起来，从外部和内部绞杀了这场革命。

从主观方面来说，在于它的领导者——资产阶级革命派本身存在着许多弱点和错误。主要是：第一，没有提出彻底的反帝反封建的革命纲领。他们没有明确提出反帝的口号，甚至幻想以妥协退让来换取帝国主义对中国革命的承认和支持。他们只强调反满和建立共和政体，并没有认识到必须反对整个封建统治阶级，致使一些汉族旧官僚、旧军官也混入革命的营垒。受当时政治局势的左右和妥协退让思想的支配，革命党人最后甚至还把政权拱手让给了袁世凯。第二，不能充分发动和依靠人民群众。在革命的过程中，资产阶级革命派虽然也曾经联合新军和会党，从而在一定程度上动员了群众的力量，但在清政府被推翻之后，他们便把群众抛弃了。他们不但不去领导农民进行反封建的斗争，反而指责农民“行为越轨”，并派兵加以镇压。第三，不能建立坚强的革命政党，作为团结一切革命力量的强有力的核心。同盟会内部的组织比较松懈，派系纷杂，缺乏一个统一和稳定的领导核心。甚至有人主张“革命军起，革命党消”。有的还另建党派，自立山头。资产阶级革命派的这些弱点、错误，根源于中国民族资产阶级的软弱性和妥协性。正因为如此，辛亥革命仅仅赶跑了一个皇帝，却没有能够改变封建主义和军阀官僚政治的统治基础，无法完成反帝反封建的任务。

资产阶级革命派的这些弱点、错误，根源于中国民族资产阶级的软弱性和妥协性。辛亥革命的失败表明，资产阶级共和国的方案没有能够救中国，先进的中国人需要进行新的探索，为中国谋求新的出路。

8. 如何看待近代中国的民族资本主义经济和民族资产阶级

近代中国的民族资产阶级所经营的，是中等规模和小规模的资本主义经济。民族资本主义经济在中国整个资本主义经济中不占主体地位。中国民族资本主义经济的发展，受到了多方面的阻碍，有外国资本的压迫、官僚资本的排挤、封建生产关系的束缚、军阀官僚政府的压榨等。

正因为中国民族资本主义经济是在半殖民地半封建社会条件下艰难地生长起来的，它也就具有了几个特点：第一，民族资本主义经济在国民经济中所占比重很小，它始终没有成为中国社会经济的主要形式。第二，在民族资本中，工业资本所占的比重小，商业资本和金融资本所占的比重大。第三，民族资本主义工业主要是以纺织、食品工业为主的轻工业，缺乏重工业的基础，不能构成一个完整的工业体系和国民经济体系，在技术、设备乃至原材料方面不得不依赖外国垄断资本和本国官僚资本。第四，民族资本所经营的工业，规模狭小，经营分散，技术设备落后，劳动生产率低。第五，民族资本主义经济和封建势力也有千丝万缕的联系。相当一部分民族资本家的前身是官僚、地主。由于经营工商业没有获利的切实保障，一些民族资本家还用经营工商业所获得的利润，到农村去购买土地，然后出租给农民，从而兼有资本家和地主的两重身份。正因为民族资本家同封建的土地所有制关系相当密切，他们也就不敢提出彻底否定封建土地所有制的政治纲领，从而也就不可能有效地去动员和组织中国反帝反封建的主力军——农民的力量。

上述情况，决定了民族资产阶级是带两重性的阶级。民族资产阶级的这种两重性，决定了他们在一定时期内和一定程度上能够参加反帝国主义和反官僚军阀政府的革命，可以成为革命的一种力量，成为无产阶级的同盟军。而在另一个时期，就有跟在买办资产阶级后面、成为它的助手的危险。民族资产阶级虽然人数不多，经济实力不强，但在政治上很重要。他们具有爱国的立场，不少人还掌握着发展生产所需要的生产技术和管理经验。中国的一些民主党派和无党派民主人士是以这个阶级作为自己的社会基础的。中国的许多知识分子都出身于这个阶级，或者与这个阶级有比较多的联系。这个阶级在社会上有相当大的影响力。它曾经在一定程度上发展了现代工业，形成了民族市场，同时传播了资产阶级文化。在这个基础上，它逐渐成为民主革命的一种政治力量。

9. 如何理解在旧中国资产阶级共和国的方案行不通

资产阶级共和国的方案之所以行不通，是由当时中国所处的时代条件和国内阶级关系的状况所决定的。

毛泽东指出："资产阶级的共和国，外国有过的，中国不能有，因为中国是受帝国主义压迫的国家。"帝国主义列强来到中国，不是为了使中国成为一个独立、富强的资本主义国家，而是为了掠夺中国，发展它们自己的资本主义。对于它们来说，政治上、经济上不独立的中国，乃是理想的倾销商品的市场、投资的场所与廉价原料、廉价劳动力的供应地。如果中国成为独立、富强的资本主义国家，它就要在平等的基础上与西方发达国家建立和发展关系，这是它们不能容忍的。它们既不愿意失去在中国的殖民主义利益，更不愿意看到中国在国际市场上成为它们的竞争对手。

民族资产阶级的力量过于软弱。它没有勇气和能力去领导人民进行彻底反帝反封建的革命斗争，从而为建立资产阶级共和国扫清障碍。代表这个阶级要求的中间派，由于提不出彻底的土地革命的纲领，无法动员农民这个最广大的群众；由于不敢进行革命的武装斗争，根本不掌握军队。因此，他们在政治上没有很大的分量。在这种情况下，他们往往把实现民主政治的希望，寄托在统治阶级让步这种幻想之上。而中国的反动统治者由于自身的社会基础极其薄弱，其统治是十分残暴、同时又是十分虚弱的，它不能容忍、更经受不住任何的民主改革。它绝不会对中间势力关于建立民主共和国的要求作出原则性的让步。

民族资产阶级的方案由于脱离中国实际，没有得到中国广大群众的拥护，这个方案是行不通的。而中国共产党提出的关于建立人民共和国的方案，逐步地获得了工人、农民、城市小资产阶级乃至民族资产阶级及其政治代表的拥护，由此成了中国最广大人民群众的共同选择。

学习检测

一、单项选择题

1. 近代中国第一个领导资产阶级革命的全国性政党是（　　）。

A. 兴中会　　B. 中国同盟会　　C. 科学补习所　　D. 华兴会

2. 中国历史上第一部具有资产阶级共和国宪法性质的法典是（　　）。

A.《中华民国宪法》　　B.《钦定宪法大纲》

C.《中华民国临时约法》　　D.《中华民国约法》

3. 为反对袁世凯刺杀宋教仁和"善后大借款"，孙中山在1913年领导革命党人发动了（　　）。

A. 护法战争　　B. 护国战争　　C. 二次革命　　D. 北伐战争

4. 武昌起义前夕，在保路运动中规模最大、斗争最激烈的省份是（　　）。

A. 湖南　　B. 湖北　　C. 广东　　D. 四川

5. 武昌起义前，孙中山领导了 10 次起义，他亲自参加的是以下哪一次起义（　　）。

A. 广东钦廉上思起义　　B. 广西镇南关起义

C. 广州黄花岗起义　　D. 云南河口起义

6. 清朝科举制度被最终废除，学校教育实现了与科举取士彻底脱钩的事件是（　　）。

A. 清末新政　　B. 洋务运动　　C. 戊戌变法　　D. 预备立宪

7. 孙中山南京临时政府颁布《临时约法》的目的之一是限制袁世凯的权力，体现这一目的的规定是（　　）。

A. 主权属于国民全体　　B. 立法、行政、司法三权分立

C. 实行总统制　　D. 实行责任内阁制

8. “二次革命”失败后，孙中山逃亡日本。1914 年 7 月，孙中山在东京正式成立（　　）。

A. 中国国民党　　B. 国民党　　C. 中华革命党　　D. 中国同盟会

9. 南京临时政府成立后，承认清政府与列强签订的一切不平等条约，其目的是（　　）。

A. 打破列强的外交封锁　　B. 换取列强的支持

C. 尽快稳定国内政局　　D. 争取列强严守中立

10. 下列各项中，不属于 1901 年清政府实行的“新政”的内容是（　　）。

A. 派遣留学生　　B. 裁撤军机处　　C. 编练新军　　D. 奖励工商

11. 1903 年 6 月，（　　）在上海《苏报》发表《驳康有为论革命书》，批驳康有为所谓“中国之可立宪，不可革命”的谬论。

A. 陈天华　　B. 邹容　　C. 章炳麟　　D. 梁启超

12. 同盟会的机关刊物是（　　）。

A.《民报》　　B.《新民丛报》　　C.《苏报》　　D.《国民报》

13. 武昌起义前同盟会领导的影响最大的武装起义是（　　）。

A. 广州起义　　B. 萍浏醴起义　　C. 镇南关起义　　D. 黄花岗起义

14. 标志着中国民族资产阶级领导的旧民主主义革命失败的是（　　）。

A. 二次革命的失败　　B. 护国运动的失败

C. 护法运动的失败　　D. 保路风潮的失败

15. 毛泽东在谈到辛亥革命时指出，辛亥革命有它胜利的地方，也有它失败的地方。“辛亥革命把皇帝赶跑，这不是胜利了吗？说它失败，是说辛亥革命只把一个皇帝赶跑。”毛泽东这里所说的“只把一个皇帝赶跑”是指（　　）。

A. 没有推翻帝制　　B. 反帝反封建的革命任务没有完成
C. 孙中山没有继续革命　　D. 袁世凯窃取了胜利果实

——该题出自“2015 年硕士研究生入学考试政治试题”第 10 题

二、多项选择题

1. 1905 年至 1907 年，资产阶级革命派与改良派论战所围绕的主要问题是（　　）。

A. 要不要以革命手段推翻清政府　　B. 要不要推翻帝制，实现共和
C. 要不要变法维新　　D. 要不要社会革命

2. 孙中山将同盟会的纲领概括为三大主义，它们是（　　）。

A. 民主主义　　B. 民生主义　　C. 民族主义　　D. 民权主义

3. 辛亥革命的局限性表现在（　　）。

A．没有提出彻底的反对帝国主义的革命纲领
B．没有提出彻底的反对封建主义的革命纲领
C．没有充分发动和依靠群众
D．没有建立坚强的革命政党，发挥团结一切革命力量的强有力的核心作用

4. 孙中山的三民主义学说（　　）。

A．初步描绘出中国还不曾有过的资产阶级共和国方案
B．是一个比较完整而明确的资产阶级民主革命纲领
C．对推动革命的发展产生了重大而积极的影响
D．成为第一次国共合作的政治基础

5. 历史进入 20 世纪，随着一批新兴知识分子的产生，各种宣传革命的书籍纷纷涌现，它们主要是（　　）。

A.《革命军》　　B.《警世钟》　　C.《猛回头》　　D.《孔子改制考》

6.1894 年，孙中山组织兴中会，该团体提出的革命纲领主要包括（　　）。

A. 驱除鞑虏　　B. 恢复中国　　C. 创立合众政府　　D. 平均地权

7. 太平天国运动和辛亥革命相似之处有（　　）。

A. 曾在南京建立与清王朝对峙的政权　　B. 领导农民参与斗争
C. 明确提出反对帝国主义侵略的口号　　D. 没有提出彻底的反帝反封建革命纲领

8. 从 1904 年开始，出现了多个革命团体，其中有（　　）。

A. 光复会　　B. 华兴会　　C. 科学补习所　　D. 岳王会

9. 1912 年 2 月，孙中山提出辞职，但附以力图制约袁世凯的条件，该条件是（　　）。

A. 以南京为首都　　B. 清帝退位　　C. 总统在南京就职　　D. 遵守《临时约法》

10. 袁世凯窃国后，反对袁世凯专制统治的运动有（　　）。

A. 护国运动　　B. 护法运动　　C. 二次革命　　D. 保路运动

11.《辛丑条约》的签订，标志着（　　）。

A. 中国的民族危机进一步加深　　B. 清政府甘当“洋人的朝廷”

C. 国人对清政府更为失望　　D. 中国半殖民地半封建社会的格局基本形成

12. 策划武昌起义的革命党领导人是（　　）。

A. 黄兴　　B. 黎元洪　　C. 蒋翊武　　D. 孙武

13. 辛亥革命失败后，资产阶级革命派为挽救革命成果而进行的斗争主要有（　　）。

A. 二次革命　　B. 护国运动　　C. 护法运动　　D. 保路风潮

14. 袁世凯篡夺辛亥革命胜利果实的主要原因是（　　）。

A. 帝国主义和国内封建势力的支持　B. 袁世凯拥有强大的军事力量

C. 袁世凯假意赞成共和　　D. 资产阶级的软弱性

15. 南京临时政府的局限性表现为（　　）。

A. 承认清政府与列强所签订的一切不平等条约和一切外债有效

B. 没有提出任何可以满足农民土地要求的政策和措施

C. 维护封建土地制度以及官僚、地主所占有的土地财产

D. 主体是资产阶级革命派

16. 1912 年 3 月中华民国临时参议颁布的《中华民间临时约法》是中国历史上第一部具有资产阶级共和国宪法性质的法典。毛泽东曾称赞它“带有革命性、民主性”。其“革命性、民主性”主要体现在（　　）。

A. 它不承认清政府与列强签订的一切不平等条约

B. 它规定中华民国国民一律平等

C. 它规定中华民国之主权属于国民全体

D. 它以根本大法的形式废除了封建君主专制制度

——该题出自“2014 年硕士研究生入学考试政治试题”第 27 题

17. 孙中山先生是伟大的民族英雄，伟大的爱国主义者，中国民主革命的伟大先驱，一生以革命为己任，立志救国救民，为中华民族作出了彪炳史册的贡献。孙中山先生的伟大表现在（　　）。

A. 坚定维护民主共和国制度和国家完整统一

B. 发动了以推翻北洋军阀统治为目标的北伐战争

C. 重新解释三民主义并提出了联俄、联共、扶助农工三大政策

D. 领导了辛亥革命

——该题出自“2017 年硕士研究生入学考试政治试题”第 28 题

三、判断题

1. 辛亥革命和戊戌变法都要求建立君主立宪制。

2. 辛亥革命的失败是指没有促进中国革命的向前发展。

3. 武昌起义的主力是革命团体影响下的湖北新军。

4.《中华民国临时约法》以根本大法的形式废除了两千多年来的封建君主专制制度，带有革命性、民主性。

5. 1908 年，清政府颁布《钦定宪法大纲》，确立开始实行君主立宪制。

四、材料分析题

结合材料回答问题

材料 1：“余维欧美之进化，凡以三大主义：曰民族、曰民权、曰民生。罗马之亡，民族主义兴，而欧洲各国以独立。洎自帝其国，威行专制，在下者不堪其苦，则民权主义起。十八世纪之末，十九世纪之初，专制仆而立宪政体殖焉。世界开化，人智益蒸，物质发舒，百年锐于千载，经济问题继政治问题之后，则民生主义跃跃然动，二十世纪不得不为民生主义之擅场时代也。是三大主义皆基本于民，递嬗变易，而欧洲之人种胥治化焉。”

“中国数千年来都是君主专制政体，这种政体，不是平等自由的国民所堪受的，要去这种政体，不是专靠民族革命可以成功……我们推倒满洲政府，从驱除满人那一面说是民族革命，从颠覆君主政体那一面说是政治革命，并不是把它来分作两次去做。讲到那政治革命的结果，是建立民主政体立宪政体。照现在这样的政治论起来，就算汉人为君主，也不能不革命。”

——摘自《孙中山全集》第一卷

材料 2：“一百多年以来，我们的先人以不屈不挠的斗争反对内外压迫者，从来没有停止过，其中包括伟大的中国革命先行者孙中山先生所领导的辛亥革命在内，我们的先人指示我们，叫我们完成他们的遗志，我们现在是这样做了，我们团结起来，以人民解放战争和人民大革命打倒了内外压迫者，宣布中华人民共和国成立了。我们的民族将从此列入爱好和平自由的世界各民族的大家庭，以勇敢而勤劳的姿态工作着，创造自己的文明和幸福，同时也促进世界的和平和自由。我们的民族将再也不是一个被人侮辱的民族了，我们已经站起来了。”

——摘自《毛泽东文集》第五卷

材料 3：“辛亥革命推翻了清王朝统治，结束了统治中国几千年的君主专制制度，传播了民主共和的理念，以巨大的震撼力和深刻的影响力推动了近代中国社会变革。虽然由于历史进程和社会条件的制约，辛亥革命没有改变旧中国半殖民地半封建的社会性质，没有改变中国人民的悲惨境遇，没有完成实现民族独立、人民解放的历史任务，但它开创了完全意义上的近代民族民主革命，极大推动了中华民族的思想解放，打开了中国进步潮流的闸门，为中华民族发展进步探索了道路。”“中国共产党人是孙中山先生开创的革命事业最坚定的支持者、最亲密的合作者、最忠实的继承者，不断实现和发展了孙中山先生和辛亥革命先驱的伟大抱负。”

——摘自胡锦涛《在纪念辛亥革命100周年大会上的讲话》

（1）如何理解“就算汉人为君主，也不能不革命”？

（2）为什么说中国共产党人是孙中山开创的革命事业“最忠实的继承者”？

——该题出自“2012年硕士研究生入学考试政治试题”第36题

参考答案

一、单项选择题

1.B　2.C　3.C　4.D　5.B　6.A　7.D　8.C　9.B　10.B　11.C　12.A　13.D　14.C　15.B

二、多项选择题

1.ABD　2.BCD　3.ABCD　4.ABC　5.ABC　6.ABC　7.AD　8.ABCD　9.ACD　10.AC　11.ABCD　12.CD　13.ABC　14.ABCD　15.ABC　16.BCD　17.ACD

三、判断题

1.×　2.×　3. √　4. √　5.×

四、材料分析题

（1）从世界范围看，19世纪末20世纪初，民族民主革命已成为世界潮流；由于帝国主义的侵略、清王朝的腐朽无能，使民族危机日益加深、社会矛盾不断激化；清王朝已成为中国经济发展和社会进步的主要障碍；革命的目的不只是要推翻清王朝的统治，而且要在中国建立共和制度，因此即使是汉族人当皇帝，也必须革命。

（2）中国共产党人继承了孙中山先生开创的民族民主革命，取得了新民主主义革命胜利，建立了中华人民共和国，实现了民族独立、人民解放；中国共产党人继承了孙中山先生建立民主共和的理想，实现了从新民主主义社会到社会主义社会的转变，确立了社会主义基本制度；中国共产党人继承了孙中山振兴中华的理想，开展了大规模社会主义建设，进行了改革开放新的伟大革命，中国特色社会主义事业取得了巨大成就，中华民族伟大复兴展现出光明前景。

第四章　开天辟地的大事变

知识图谱

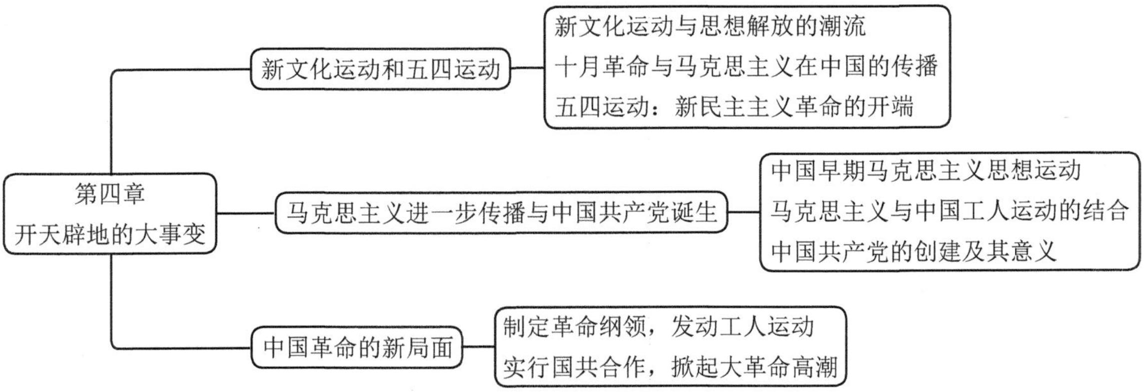

要点解析

辛亥革命失败后，一些先进的中国知识分子决心发动一场新的启蒙运动，以期廓清蒙昧、启发理智，使人们从封建思想的束缚中解放出来，这个运动后来被称为新文化运动。五四运动，成了中国革命的新阶段即新民主主义革命的开端。五四运动以后，社会主义思潮在中国蓬勃兴起，马克思主义开始在知识界中得到传播。中国的先进分子走上马克思主义指引的道路，是他们经过长期的、艰苦的探索之后所作出的一种选择。中国共产党的成立，是中华民族发展史上一个开天辟地的大事变。中国共产党人的初心和使命，就是为中国人民谋幸福，为中华民族谋复兴。这个初心和使命是激励中国共产党人不断前进的根本动力。中国共产党的成立，深刻改变了中国人民和中华民族的前途和命运。这是本章的重点和要点。

1. 为什么说五四以前的新文化运动是前进的、革命的

首先，新文化运动的倡导者提倡民主、反对专制，提倡科学、反对迷信盲从，是切中时弊的。正因为如此，这两个口号在当时即获得了人们广泛的赞同，并产生了深远的影响。事实上，当封建主义还在政治和社会生活中占据支配地位的时候，对于资产阶级民主主义的提倡，在客观上仍然具有振聋发聩的作用。这些启蒙思想家，是敢于向两千多年来神圣不可侵犯的封建礼教进行自觉挑战的第一批不妥协的战士。

其次，新文化运动的倡导者并没有因为批判孔学就否定中国的全部传统文化。他们指出，孔学并不等于全部国学；他们并没有否定孔学的历史作用；他们也没有把孔学说得一无是处。他们批判孔学，是为了指明它在根本上已经不适应现代生活，是为了反对孔学对人们思想的禁锢，是为了动摇孔学绝对权威的地位，从而使人们敢于冲破封建思想的牢笼，去进行独立思考，以求得“真实合理的信仰”。

再次，新文化运动的倡导者们在社会上掀起了一股思想解放的潮流。这股潮流冲决了禁锢人们思想的闸门。而这个闸门一旦被打开，各种新思潮的涌流就不仅不可避免，而且是无法遏制的了。正因为如此，在那时，这个运动是生动活泼的，前进的，革命的。

2. 如何理解五四以前新文化运动的局限性

第一，五四以前的新文化运动存在着一些弱点。新文化运动的倡导者批判孔学，是为在中国发展资本主义扫清障碍。但是，由于资产阶级共和国的方案在中国行不通，所以从根本上说，提倡资产阶级民主主义，并不能为人们提供一种有效的思想武器去认识中国、对中国社会进行改造。

第二，他们把改造国民性置于优先的地位。但是，离开改造产生封建思想的社会环境的革命实践，仅仅依靠少数人的呐喊，依靠有限的宣传手段，要根本改造由这种社会环境所产生的思想、所造成的国民性，是不可能的。

第三，那时的许多领导人物，还没有马克思主义的批判精神，他们使用的方法，一般还是资产阶级的方法。他们中的一些人看问题很片面，坏就是绝对的坏，好就是绝对的好。这种形式主义地看问题的方法，影响了这个运动后来的发展。

3. 十月革命是怎样推动中国的先进分子从资产阶级民主主义转向社会主义的

十月革命是一个具有划时代意义的世界性的历史事件。它昭示人们，资本主义制度并不是永恒的，无产阶级和其他劳动群众一旦觉醒起来、组织起来，完全可以依靠自身的力量创造出维护绝大多数人利益的崭新的社会制度。由于这个革命发生在中国学习西方的努力遭到失败、中国的先进分子陷于彷徨和苦闷之时，因此它确实使中国人看到了民族解放的新希望。

第一，十月革命给予中国人的一个启示是：经济文化落后的国家也可以用社会主义思想指引自己走向解放之路。十月革命发生在国情与中国相同（封建压迫严重）或近似（经济文化落后）的俄国，因而对中国的先进分子具有特殊的吸引力。他们感到，中国国情“皆与俄国相近”，所以中国“须有同类的精神，即使用革命的社会主义”。

第二，十月革命诞生的社会主义俄国号召反对帝国主义，并以新的平等的态度对待中国，有力地推动了社会主义思想在中国的传播。一些人由此产生了对社会主义的向往。1919 年苏维埃俄国第一次对华宣言声明放弃沙俄在中国攫取的一切特权，更引起人们很大的震动。

第三，十月革命中俄国工人、农民和士兵群众的广泛发动并由此赢得胜利的事实，给予中国的先进分子以新的革命方法的启示，推动他们去研究这个革命所遵循的主义。

这样，在十月革命以后、五四运动前后的中国思想界，就产生了一批赞成俄国十月社会主义革命、具有初步共产主义思想的知识分子。社会主义开始在中国形成一股有相当影响的思想潮流。

4. 五四运动发生的社会历史条件是什么

1919 年 5 月爆发的五四运动，是中国近代史上一个划时代的事件。这个运动是在新的时代条件和社会历史条件下发生的。

首先，是新的社会力量的成长、壮大。在 1914 年至 1918 年世界大战期间，中国的资本主义经济得到了相当迅速的发展，中国资产阶级和工人阶级的力量也进一步成长起来。五四运动前夕，中国产业工人已经达到 200 余万人。这样，五四运动就获得了比以往的革命斗争更加广泛的群众基础。

其次，是新文化运动掀起的思想解放的潮流。受到这个潮流影响的年轻一代，尤其是那些具有初步共产主义思想的知识分子，为五四运动准备了最初的群众队伍和骨干力量。

再次，是俄国十月革命对中国的影响。在当时，陈独秀就说，十月革命以后，“中国人也受了两个教训：一是无论南北，凡军阀都不应当存在；一是人民有直接行动的希望。五四运动遂应运而生”。毛泽东也说，俄罗斯以民众大联合打倒贵族、驱逐富人的事实，使“全世界为之震动”。革命浪潮风起云涌，“异军突起，更有中华长城渤海之间，发生了‘五四’运动”。

5. 为什么说五四运动是新民主主义革命的开端

由于五四运动是在新的社会历史条件下发生的，它具有以辛亥革命为代表的旧民主主义革命所不具备的一些特点：

第一，五四运动表现了反帝反封建的彻底性。近代以来，中国人民对帝国主义的认识经历了两个阶段：第一阶段是表面的感性认识的阶段，这典型地表现在义和团等笼统的排外主义的斗争上。第二阶段才进到理性的认识阶段，即看出了帝国主义内部和外部的各种矛盾，并看出了帝国主义联合中国买办阶级和封建阶级以压榨中国人民大众的实质，这种认识是从 1919 年五四运动前后才开始的。这表明，中国人民反帝反封建的斗争提升到一个新的水平线上了。

第二，五四运动是一次真正的群众运动。如果说，辛亥革命的根本弱点之一，是没有广泛地动员和组织群众，那么，五四运动本身就是一场群众性的革命运动。

第三，五四运动促进了马克思主义在中国的传播及其与中国工人运动的结合。五四运动前，信仰马克思主义的，还只是李大钊这样个别的人物。马克思主义是在五四运动的推动下，才在中国传播开来的。巴黎和会上中国的外交失败，有力地打破了人们对于资本主义列强的幻想。而在这些倾向于社会主义的知识分子中，一些人经过比较，开始在马克思主义的旗帜下集合起来。

在五四运动中，工人阶级显示了伟大的力量。工人在斗争中发挥决定性的作用这个事实，给予先进的知识分子以真切的教育。那些接触了社会主义思潮、初步掌握了马克思主义的知识分子脱下学生装，穿上粗布衣，开始到工人中去进行宣传工作和组织工作。他们发挥了先锋和桥梁的作用。而先进知识分子与工人群众相结合的过程，也就是马克思主义与中国工人运动相结合的过程。这样，五四运动就为1921年中国共产党的成立做了思想上和干部上的准备。

正因为五四运动具备了上述新的历史特点，它也就成了中国革命的新阶段即新民主主义革命的开端。

6. 中国的先进分子为什么和怎样选择了马克思主义

近代中国的先进分子选择马克思主义的思想旗帜，走上马克思主义指引的道路，是他们经过长期的、艰苦的探索之后的必然结果。中国先进知识分子选择马克思主义有其深刻的历史逻辑、理论逻辑和现实逻辑。

第一，探索救国出路实践的结果。中国选择马克思主义是近代以来先进中国人探索救国救民真理的历史发展必然结果。农民阶级、洋务派、维新派、革命派的努力先后失败，为选择马克思主义提供了重要的历史教训和因由。近代以来，为了挽救国家的危亡，中国的先进分子曾经历尽千辛万苦，向西方国家寻找真理。但是，中国人在实践中却一而再、再而三地碰壁。为了争取民族独立和人民解放，必须运用新的思想武器。

第二，十月革命的胜利为先进知识分子选择马克思主义提供了重要的历史契机。第一次世界大战充分暴露了资本主义制度的内在矛盾，中国人对资本主义方案产生了怀疑；俄国爆发的十月社会主义革命，则直接推动中国的先进分子把目光从西方转向了东方，从资本主义转向了社会主义。十月革命是一个具有划时代意义的世界性的历史事件。它昭示人们，资本主义制度并不是永恒的，无产阶级和其他劳动群众一旦觉醒起来、组织起来，完全可以依靠自身的力量创造出维护绝大多数人利益的崭新的社会制度。由于这个革命发生在中国学习西方的努力遭到失败、中国的先进分子陷于彷徨和苦闷之时，因此它确实使中国人看到了民族解放的新希望。

第三，五四时期工人阶级的成长壮大为先进知识分子选择马克思主义提供了坚实的阶级载体。在五四运动中，工人阶级显示了伟大的力量。工人在斗争中发挥决定性的作用这个事实，给予先进的知识分子以真切的教育。那些接触了社会主义思潮、初步掌握了马克思主义的知识分子脱下学生装，穿上粗布衣，开始到工人中去进行宣传工作和组织工作。

他们发挥了先锋和桥梁的作用。而先进知识分子与工人群众相结合的过程，也就是马克思主义与中国工人运动相结合的过程。

第四，革命的现实需要。马克思主义的唯物史观和阶级斗争学说，适应了当时中国革命的现实需要。中国传统文化为马克思主义的传播和发展提供了良好的土壤，中国传统文化与马克思主义的契合，成为先进知识分子自觉接受马克思主义的文化根源。而马克思主义本身的科学性、人民性、实践性和开放性是先进知识分子最终选择马克思主义的根本动因。中国的先进分子一旦学得马克思主义，就主张运用它去研究和解决中国面临的实际问题。

第五，近代中国思想启蒙运动的发展为选择马克思主义提供了深厚的思想基础。五四运动时期，传入中国的社会思潮，除了马克思主义的科学社会主义外，还有各种各样的打着“社会主义”旗号的非马克思主义思潮。一批爱国的进步青年，尤其是那些具有初步共产主义思想的知识分子，经过各自的摸索，逐步划清了资产阶级民主主义和无产阶级社会主义、科学社会主义和其他社会主义流派的界限，走上了马克思主义的道路。

中国的先进分子选择了马克思主义，这是具有伟大历史意义的事件。毛泽东指出：“自从中国人学会了马克思列宁主义以后，中国人在精神上就由被动转入主动。从这时起，近代世界历史上那种看不起中国人，看不起中国文化的时代应当完结了。”

7. 中国共产党早期组织成立以后，着重进行了哪些方面的工作

第一，研究和宣传马克思主义。共产党早期组织的成员开始着重从马克思、恩格斯的原著来学习马克思主义，同时也开始学习列宁的著作。他们在《新青年》杂志、《共产党》以及《民国日报》等报刊上发表文章，宣传马克思主义和俄国革命的经验。上海、北京的共产党早期组织还积极进行马克思主义著作的译介工作。1920 年 8 月，陈望道翻译的《共产党宣言》中文全译本公开出版。同月，恩格斯的《科学的社会主义》中译本也公开出版。之后，还陆续出版了若干种介绍马克思主义的著作，如《马克思资本论入门》《唯物史观解说》等。

为了扩大马克思主义的思想阵地，共产党早期组织的成员同反马克思主义的思想流派进行了斗争。同反马克思主义思潮进行的斗争，帮助一批倾向社会主义的进步分子划清了社会主义同资本主义的界限，科学社会主义同资产阶级、小资产阶级社会主义流派的界限，推动他们走上了马克思主义的道路。

第二，到工人中去进行宣传和组织工作。为了能在工人群众中有效地开展工作，一些先进的知识分子穿起工人的服装，学习工人的语言，从事工人的劳动，力求与工人打成一片。马克思主义思想运动成了知识分子与工人群众相结合的运动。各地共产党的早期组织创办了一批专门供工人阅读的马克思主义启蒙教育刊物。同时，还创办了各种形式的工人学校。

经过宣传教育，觉悟的工人有了组织起来的要求。1920 年 11 月，共产党早期组织领导的第一个工会——上海机器工会宣告成立。1921 年五一国际劳动节，长辛店成立工人俱乐部（工会）。武汉、长沙、广州、济南等地的工人也相继成立工会。工会开始发动工人开展罢工斗争。工人的觉悟程度和组织程度在斗争中得到了进一步的提高。

第三，进行关于建党问题的讨论和实际组织工作。各地的共产主义者对建党的有关问题展开了讨论。在共产党早期组织的领导下，1920 年 11 月，社会主义青年团在上海成立。其后，北京、天津、武汉、长沙等地也成立了团的组织。各地团组织通过引导青年学习马克思主义，参加实际斗争，为党造就了一批后备力量。

共产党早期组织成立后进行的这些活动，促进了马克思列宁主义的传播及其与中国工人运动的结合。在这个过程中，初步确立了共产主义信念的知识分子，其思想感情进一步转变到工人阶级方面来；同时，一部分工人由于受到马克思列宁主义的教育而提高了阶级觉悟。这样，就形成了一批工人阶级的先进分子。在中国创建工人阶级的先锋队——中国共产党的条件基本具备了。

8. 为什么说中国共产党成立是开天辟地的大事变

中国共产党的成立，是中华民族发展史上一个开天辟地的大事变。

第一，中国共产党的成立，使中国革命有了坚强的领导核心。中国人民的斗争之所以屡遭挫折和失败，重要原因之一，是由于没有一个先进的坚强的政党作为凝聚自己力量的领导核心。自从有了中国共产党，这种局面就开始从根本上改变了。灾难深重的中国人民有了先进而可靠的组织者和领导者，中国革命从此不断向前发展，由民主主义革命向社会主义革命推进。

第二，中国共产党的成立，使中国革命有了科学的指导思想。中国共产党是以马克思列宁主义为指导思想的政党，它把马克思主义同中国革命的具体实践相结合，制定了正确的革命纲领和斗争策略，为中国人民指明了斗争的目标和走向胜利的道路。

第三，中国共产党的成立，使中国革命踏上新征程。中国共产党一经成立，就把实现共产主义作为党的最高理想和最终目标，义无反顾肩负起实现中华民族伟大复兴的历史使命。中国人民由此踏上了争取民族独立、自身解放的光明的道路，开启了实现国家富强、人民富裕的历史征程。中国共产党人的初心和使命，就是为中国人民谋幸福，为中华民族谋复兴。这个初心和使命是激励中国共产党人不断前进的根本动力。

第四，中国共产党的成立，使中国革命有了新的革命方法和前途，即群众路线的方法和社会主义的前途。并沟通了中国革命同世界无产阶级革命之间的联系，为中国革命获得广泛的国际援助和避免走资本主义道路提供了客观可能性。

第五，中国共产党的成立，使中国革命有了新的面貌。中国共产党积极投入到革命斗争的实践中去，很快开创出中国革命的新局面。中国共产党的成立，深刻改变了近代以后中华民族发展的方向和进程，深刻改变了中国人民和中华民族的前途和命运，深刻改变了世界发展的趋势和格局。

9. 什么是中国共产党人的初心和使命

中国共产党人的初心和使命，就是为中国人民谋幸福，为中华民族谋复兴。这个初心和使命是激励中国共产党人不断前进的根本动力。一代又一代中国共产党人不忘初心、牢记使命，弘扬建党时期的“红船精神”，即开天辟地、敢为人先的首创精神，坚定理想、百折不挠的奋斗精神，立党为公、忠诚为民的奉献精神，取得了一个又一个胜利。

10. 中国共产党成立后，中国革命展现了哪些新面貌

第一，第一次提出了反帝反封建的民主革命的纲领，为中国人民指出了明确的斗争目标。分清敌友，这是革命的首要问题。以往的斗争之所以收效甚微，一个重要的原因，就在于不能团结真正的朋友，以攻击真正的敌人。对于这个在长时间里没有得到解决的问题，中国共产党成立不久，就给予了一个基本的解决。

第二，开始采取民族资产阶级、小资产阶级的政党和政治派别没有采取过、也不可能采取的革命方法，即群众路线的方法。是不是相信群众、依靠群众，这是关系革命成败的一个大问题。以往的斗争之所以收效甚微，一个重要的原因，就在于未能充分地发动群众。这种情况，在中国共产党成立之后不久，也有了一个根本的改变。

11. 如何理解在大革命中，中国共产党起着独特的、不可代替的作用

大革命是在国共合作的条件下进行的，没有国共合作，就不会在短时间内掀起这样一场革命。在这场革命中，中国共产党起着独特的、不可替代的作用。没有中国共产党，不会有这场大革命。这是因为：

大革命是在反对帝国主义、反对军阀的政治口号下进行的。而提出这个口号的，正是中国共产党。

大革命是在以国共合作为基础的统一战线的组织形式下进行的。而中国共产党正是国共合作的倡导者和统一战线的组织者。

大革命是近代中国历史上空前广泛而深刻的群众运动。而中国共产党正是人民群众的主要发动者和组织者。经过共产党人的深入细致的工作，一向被视为一盘散沙的中国人民的力量逐步地组织起来、凝聚起来。这就为国民革命的发展、广东战争和北伐战争的胜利奠定了群众基础。

大革命的主要斗争形式是革命战争。共产党人不仅帮助和推动了国民革命军的建立，而且在军队中进行了卓有成效的政治工作，积极提高国民革命军的素质，增强其凝聚力和战斗力；共产党员在战斗中更是身先士卒，起着先锋作用和表率作用。

中国共产党对于大革命所作的独特的、重大的贡献，是当时人们所公认的。

学习检测

一、单项选择题

1. 标志着中国新民主主义革命开端的运动是（　　）。

A. 保路运动　　B. 新文化运动　　C. 五四运动　　D. 五卅运动

2. 1920 年 8 月，陈独秀等领导建立的中国最早的地方共产党组织是（　　）。

A. 北京共产主义小组　　B. 上海共产主义小组

C. 武汉共产主义小组　　D. 广州共产主义小组

3. 在俄国十月革命影响下，率先在中国举起马克思主义旗帜的是（　　）。

A. 李大钊　　B. 李达　　C. 陈独秀　　D. 毛泽东

4. 中国共产党第一次全国代表大会召开的最初地点是（　　）。

A. 北京　　B. 广州　　C. 嘉兴　　D. 上海

5. 1927 年，蒋介石在上海制造了捕杀共产党员和革命群众的（　　）。

A. 中山舰事件　　B. 整理党务案　　C. 四一二政变　　D. 七一五政变

6. 1920 年，在北京发起建立中国共产党早期组织的是（　　）。

A. 李大钊　　B. 陈独秀　　C. 陈公博　　D. 毛泽东

7. 中国共产党正确制定了建立革命统一战线的方针政策是在（　　）。

A. 中共一大　　B. 中共二大　　C. 中共三大　　D. 八七会议

8. 以第一次国共合作为基础的国民革命统一战线正式形成的标志是（　　）。

A. 中共二大的召开　　B. 中共三大的召开

C. 中国国民党一大的召开　　D. 中国国民党二大的召开

9. 《共产党宣言》第一个中文全译本的译者是（　　）。

A. 李大钊　　B. 陈独秀　　C. 陈望道　　D. 毛泽东

10. 中国共产党第一次明确提出反帝反封建民主革命纲领的会议是（　　）。

A. 中共一大　　B. 中共二大　　C. 中共三大　　D. 中共四大

11. 1919 年，发表《我的马克思主义观》一文的是（　　）。

A. 陈独秀　　B. 李大钊　　C. 蔡和森　　D. 杨匏安

12. 1915 年 9 月在上海创办《青年杂志》的是（　　）。

A. 李大钊　　B. 胡适　　C. 陈独秀　　D. 鲁迅

13. 第一次国共合作建立后，全国范围的大革命风暴兴起的标志是（　　）。

A. 护法战争　　B. 五四运动　　C. 北伐战争　　D. 五卅运动

14. 第一次国共合作的政治基础是（　　）。

A. 三民主义　　B. 新民主主义　　C. 社会主义　　D. 新三民主义

15. 1927 年，汪精卫在武汉制造了屠杀共产党人和革命群众的（　　）。

A. 中山舰事件　　B. 整理党务案事件　　C. 四一二事变　　D. 七一五事变

16. 1915 年 9 月，陈独秀在上海创办《青年杂志》。他在该刊发刊词中宣称，“盖改造青年之思想，辅导青年之修养，为本志之天职。批评时政，非其旨也。”此时陈独秀把主要注意力倾注于思想变革的原因是（　　）。

A. 他认为批评时政不利于改造青年思想　　B. 他对资产阶级民主主义产生了怀疑

C. 他对政治问题不感兴趣　　D. 他认定改造国民性是政治变革的前提

——该题出自“2014 年硕士研究生入学考试政治试题”第 9 题

17. 1924 年 1 月，中国国民党第一次全国代表大会在广州召开，大会通过的宣言对三民主义作出了新的解释。新三民主义成为第一次国共合作的政治基础，究其原因，是由于新三民主义的政纲（　　）。

A. 同中国共产党在民主革命阶段的纲领基本一致

B. 把斗争的矛头直接指向北洋军阀

C. 体现了联俄、联共、扶助农工三大革命政策

D. 把民主主义概括为“平均地权”

——该题出自“2014 年硕士研究生入学考试政治试题”第 10 题

18. 1914 年至 1918 年的第一次世界大战，是一场空前残酷的大屠杀。它改变了世界政治的格局，也改变了各帝国主义国家在中国的利益格局，对中国产生了巨大的影响。大战使中国的先进分子（　　）。

A. 对中国传统文化产生怀疑　　B. 对西方资产阶级民主主义产生怀疑

C. 认识到工人阶级的重要作用　　D. 认识到必须优先改造国民性

——该题出自“2015 年硕士研究生入学考试政治试题”第 11 题

19. 第一次世界大战，德国战败，1918 年 12 月，陈独秀在《每周评论》中说，大战结果是“公理战胜强权”，并把美国总统威尔逊称作是“现在世界上第一个好人”。然而，陈独秀在 1919 年 5 月 4 日出版的《每周评论》中的一篇文章中又写道：“什么公理，什么永久和平，什么威尔逊总统十四条宣言，都成了一文不值的空话。”导致陈独秀的认识发生变化的直接原因是（　　）。

A. 中国巴黎和会外交失败

B. 日本对德国宣战，出兵山东

C. 苏俄宣布废除以前同中国签订的一切不平等条约

D. 美国不愿放弃在华种种特权

——该题出自“2017 年硕士研究生入学考试政治试题”第 10 题

20. 中国共产党成立后，积极发动工农群众开展革命斗争，中国共产党第一次独立领导并取得完全胜利的工人斗争是（　　）。

A. 安源路矿工人罢工　　B. 香港海员罢工

C. 京汉铁路工人罢工　　D. 开滦五矿工人罢工

——该题出自“2019 年硕士研究生入学考试政治试题”第 10 题

二、多项选择题

1. 1915 年兴起的新文化运动的主要内容是（　　）。

A. 提倡民主和科学　　B. 提倡白话文

C. 提倡新文学　　D. 宣传男女平等和个性解放

2. 中国早期工人阶级产生于（　　）。

A. 外国资本主义在中国开办的企业　　B. 洋务派官僚开办的军工企业

C. 洋务派官僚开办的民用企业　　D. 本国民族资本企业

3. 新文化运动的主要阵地是（　　）。

A. 北京大学　　B. 中山大学

C.《新青年》编辑部　　D.《湘江评论》编辑部

4. 五四运动的历史特点和意义体现在（　　）。

A. 是一次彻底反帝反封建的运动　　B. 是一场真正的群众性运动

C. 促进了马克思主义在中国的广泛传播　　D. 是中国新民主主义革命的开端

5. 在国民党政权统治下，中国民族资本主义经济受到（　　）。

A. 外国资本的压迫　　B. 本国官僚资本的排挤

C. 封建生产关系的束缚　　D. 军阀官僚政府的压榨

6. 1924 年 1 月，中国国民党第一次全国代表大会确立的三大政策是（　　）。

A. 联俄　　B. 联共　　C. 扶助农工　　D. 平均地权

7. 中国共产党早期组织的活动包括（　　）。

A. 研究马克思主义

B. 宣传马克思主义

C. 到工人中去进行宣传和组织工作

D. 进行关于建党问题的讨论和实际组织工作

8. 第一次国共合作建立后，在广州先后主持农民运动讲习所工作的共产党人是（　　）。

A. 彭湃　　B. 阮啸仙　　C. 毛泽东　　D. 周恩来

9. 在国民党统治时期，被四大家族垄断的大银行有（　　）。

A. 中央银行　　B. 中国银行　　C. 交通银行　　D. 中国农民银行

10. 中国早期共产党组织出版的通俗工人读物有（　　）。

A.《劳动界》　　B.《工人月刊》　　C.《劳动音》　　D.《济南劳动月刊》

11. 参加过中共一大会议的地方代表有（　　）。

A. 李大钊、陈独秀　　B. 邓恩铭、王尽美　　C. 蔡和森、何叔衡　　D. 周佛海、陈公博

12. 五四运动爆发的时代条件和历史条件包括（　　）。

A. 工人力量的成长、壮大　　B. 新文化运动掀起的思想解放潮流

C. 中国共产党的发展　　D. 俄国十月革命对中国的影响

13. 中国早期信仰马克思主义的人物有（　　）。

A. 陈独秀　　B. 黄侃　　C. 蔡和森　　D. 杨匏安

14. 中国共产党在以下哪些地方建立起早期组织（）。

A. 上海　　B. 北京　　C. 东京　　D. 长沙

15. 中国共产党早期组织的活动主要包括（　　）。

A. 研究和宣传马克思主义

B. 到工人中去进行宣传和组织工作

C. 进行关于建党问题的讨论和实际组织工作

D. 同反马克思主义的思想流派进行斗争

16. 1915 年 9 月，陈独秀在上海创办了《青年杂志》，吹响了新文化运动的号角，新文化运动高举民主和科学两面大旗，向封建主义思想文化发动了前所未有的猛烈冲击，新文化运动的历史意义表现在它（　　）。

A. 是中国历史上一次前所未有的启蒙运动　　B. 为马克思主义在中国传播创造有利条件

C. 在社会上掀起一股思想解放的浪潮　　D. 彻底否定了孔学的历史作用

——该题出自“2016 年硕士研究生入学考试政治试题”第 28 题

三、判断题

1. 在中国大地上率先举起马克思主义旗帜的是陈独秀。

2. 新文化运动是新民主主义革命的开端。

3. 五四运动是中国工人阶级以独立姿态登上历史舞台的开始。

4. 中国工人阶级政党最早的组织，是在政治中心城市北京建立的。

5. 中国国民党一大的召开标志着第一次国共合作的正式形成。

四、材料分析题

1. 结合材料回答问题

材料：1925 年，郭沫若在一篇文章中讲述了这样一个故事：

十月十五日丁祭过后的第二天，孔子和他的得意门生颜回、子路、子贡三位在上海的文庙里吃着冷肉的时候，有四位年轻的大班抬了一乘朱红漆的四轿，一直闯进庙来，里面走出一位脸如螃蟹、胡须满腮的西洋人来，原来这胡子螃蟹脸就是马克思。

孔子一见来的是马克思，他便禁不住惊喜着叫出：啊啊，有朋自远方来，不亦乐乎呀！你到敝庙里来，有什么见教呢？

马克思说：我是特为领教而来。我们的主义已经传到你们中国，我希望在你们中国能够实现。但是近来有些人说，我的主义和你的思想不同，所以在你的思想普遍存在着的中国，我的主义是没有实现的可能性的。因此我便来直接领教你：究竟你的思想是怎么样？和我的主义怎样不同？

孔子说：难得你今天亲自到了我这里来，太匆促了，不好请你讲演，至少请你作一番谈话罢，你的理想的世界是怎样的呢？

马克思说：我的理想的世界，是我们生存在这里面，万人要能和一人一样自由平等地发展他们的才能，人人都能尽力做事而不望报酬，人人都能得到生活的保障而无饥寒的忧虑，这就是我所谓“各尽所能，各取所需”的共产社会。

孔子说：你这个理想社会和我的大同世界竟是不谋而合。你请让我背一段我的旧文章给你听罢。“大道之行也，天下为公，选贤与能，讲信修睦；故人不独亲其亲，不独子其子，使老有所终，壮有所用，幼有所长，矜、寡、孤、独、废疾者皆有所养；男有分，女有归；货恶其弃于地也，不必藏于己，力恶其不出于身也，不必为己；是故谋闭而不兴，盗窃乱贼而不作，故外户而不闭，是谓大同。”这不是和你的理想完全一致吗？

马克思说：我的理想和有些空想家不同。我的理想不是虚构出来的，也并不是一步可以跳到的。我们先从历史上证明社会的产业有逐渐增值之可能，其次是逐渐增值的财产逐渐集中于少数人之手中，于是使社会生出贫乏病来，社会上的争斗便永无宁日。

孔子说：我从前也早就说过“不患寡而患不均，不患贫而患不安”的呀！

孔子的话还没有落脚，马克思早反对起来了：不对，不对！你和我的见解终竟是两样，我是患寡且患不均，患贫且患不安的，你要晓得，寡了便均不起来，贫了便是不安的根本。所以我对于私产的集中虽是反对，对于产业的增值却不仅不敢反对，而且还极力提倡。所以我们一方面用莫大的力量去剥夺私人的财产，而同时也要以莫大的力量来增值社会的产业。

孔子说：尊重物质本是我们中国的传统思想，洪范八政食货为先，管子也说过“仓廪实而知礼节，衣食足而知荣辱”，我的思想乃至我国的传统思想，根本和你一样，总要先把产业提高起来，然而才来均分。

马克思到此才感叹起来：我不想在两千年前，在遥远的东方，已经有了你这样的一个老同志！你我的见解完全是一致的，怎么有人曾说我的思想和你的不合，和你们中国的国情不合，不能施行于中国呢？

——摘编自郭沫若《马克思进文庙》

（1）“马克思进文庙”的历史背景是什么？

（2）如何理解孔子与马克思对话中谈到的他们之间思想上的“不同”与“一致”？

——该题出自“2015 年硕士研究生入学考试政治试题”第 36 题

2. 结合材料回答问题

材料 1：从一八四〇年的鸦片战争到一九一九年的五四运动的前夜，共计七十多年中，中国人没有什么思想武器可以抗御帝国主义，旧的顽固的封建主义的思想武器打了败仗了，抵不住，宣告破产了，不得已，中国人被迫从帝国主义的老家即西方资产阶级革命时代的武器库中学来了进化论、天赋人权论和资产阶级共和国等项思想武器和政治方案，组织过政党，举行过革命，以为可以外御列强，内建民国，但是这些东西也和封建主义的思想武器一样，软弱得很，又是抵不住，败阵下来，宣告破产了。

十月革命一声炮响，给中国送来了马克思列宁主义，中国先进分子从马克思列宁主义的科学真理中看到了解决中国问题的出路。在近代以后中国社会的剧烈运动中，在中国人民反抗封建统治和外来侵略的激烈斗争中，在马克思列宁主义同中国工人运动的结合过程中，一九二一年中国共产党应运而生，从此中国人民谋求民族独立、人民解放和国家富强、人民幸福的斗争就有了主心骨，中国人民就从精神上由被动转为主动。

——摘自《毛泽东选集》第四卷、习近平《决胜全面建成小康社会夺取新时代中国特色社会主义伟大胜利——在中国共产党第十九次全国代表大会上的报告》

材料 2：2017 年 10 月 18 日，中国共产党第十九次全国代表大会在北京隆重举行。大会的主题是：不忘初心，牢记使命，高举中国特色社会主义伟大旗帜，决胜全面建成小康社会，夺取新时代中国特色社会主义伟大胜利，为实现中华民族伟大复兴的中国梦不懈奋斗。习近平代表第十八届中央委员会向大会作报告，指出：“不忘初心，方得始终。中国共产党人的初心和使命，就是为中国人民谋幸福，为中华民族谋复兴。这个初心和使命是激励中国共产党人不断前进的根本动力。”

10 月 31 日，十九大闭幕仅一周，习近平总书记带领中共中央政治局常委专程从北京前往上海和浙江嘉兴，瞻仰上海中共一大会址和浙江嘉兴南湖红船。在瞻仰中共一大会议室原址时，习近平动情地说：“毛泽东同志称这里是中国共产党的‘产床’，这个比喻很形象，我看这里也是我们中国共产党人的精神家园。”在参观南湖革命纪念馆时，习近平说：“在浙江工作期间，我曾经把‘红船精神’概括为开天辟地、敢为人先的首创精神，坚定理想、百折不挠的奋斗精神，立党为公、忠诚为民的奉献精神。我们要结合时代特点大力弘扬‘红船精神’。”参观结束时，习近平同志发表了重要讲话，指出：上海党的一大会址、嘉兴南湖红船是我们党梦想起航的地方。我们党从这里诞生，从这里出征，从这里走向全国执政。这里是我们党的根脉。习近平同志强调，“其作始也简，其将毕也必巨。”96 年来，我们党团结带领人民取得了举世瞩目的伟大成就，这值得我们骄傲和自豪。同时，事业发展永无止境，共产党人的初心永远不能改变。唯有不忘初心，方可告慰历史、告慰先辈，方可赢得民心、赢得时代，方可善作善成、一往无前。

——摘编自《人民日报》（2017 年 11 月 1 日）

（1）为什么说中国共产党是“应运而生”？

（2）中国共产党为什么能由“简”而“巨”，团结带领人民取得举世瞩目的伟大成就？

——该题出自“2018 年硕士研究生入学考试政治试题”第 36 题

参考答案

一、单项选择题

1.C　2.B　3.A　4.D　5.C　6.A　7.C　8.C　9.C　10.B　11.B　12.C　13.C
14.D　15.D　16.D　17.A　18.B　19.A　20.A

二、多项选择题

1.ABCD　2.ABCD　3.AC　4.ABCD　5.ABCD　6.ABC　7.ABCD　8.ABC
9.ABCD　10.ABCD　11.BD　12.ABD　13.ACD　14.ABCD　15.ABCD　16.ABC

三、判断题

1.×　2.×　3. √　4.×　5. √

四、材料分析题

1.（1）近代以来，为改变中华民族的命运，中国人民和无数仁人志士进行了千辛万苦的探索和不屈不挠的斗争。然而不触动封建根基的自强运动和改良主义、旧式的农民战争、资产阶级革命派领导的革命、照搬西方资本主义的其他种种方案、学习西方国家的各种思想文化，都不能完成中华民族救亡图存的民族使命和反帝反封建的历史任务。无产阶级之前的各个阶级或阶层的探索之所以失败的原因之一就是没有找到科学的理论作指导。

第一次世界大战与俄国十月革命后，各种社会思潮传入中国，包括马克思主义思想。五四运动后，马克思主义在中国真正传播开来。争取民族独立、人民解放，实现国家富强、人民富裕，中国的发展进步，客观上要求有能够指导中国人民进行反帝反封建革命的先进理论即科学的马克思主义。中国先进分子经过反复比较，最终选择了马克思主义。

（2）不同点：马克思主义与中国传统文化是两种不同的文化，有差别，但两者不是对立的。孔子创立的儒家学说以及在此基础上发展起来的儒家思想，对中华文明产生了深刻影响，是中国传统文化的重要组成部分。在分配上认为不患寡而患不均，不患贫而患不安。马克思主义是无产阶级思想的科学体系，它始终严格地以客观事实为根据，深刻揭示了人类社会发展规律，坚定维护和发展最广大人民的根本利益，是指引人民推动社会进步、创造美好生活的科学理论。实现物质财富极大丰富、人民精神境界极大提高、每个人自由而全面发展的共产主义社会，是马克思主义最崇高的社会理想。在分配上认为，患寡且患不均，患贫且患不安。在共产主义社会，个人消费品的分配方式是“各尽所能，按需分配”。共产主义社会不仅社会是和谐的，而且社会与自然之间也达成了和谐。在共产主义社会，人的发展是自由的发展，是建立在个体高度自由自觉基础上的发展，而不是强迫的发展。

相同点：中国传统思想中也有朴素的共产主义思想，以人为本的关怀。马克思主义与中国传统文化在一些具体主张上有相通之处，这是先进的中国人接受马克思主义的思想基础。比如，孔子关于天下为公、大同世界的思想，关于以民为本、安民富民乐民的思想，与马克思的每个人自由而全面发展的思想一致。马克思主义必须与中国的具体实际相结合，马克思主义必须中国化。

2.（1）中国共产党是中国近现代历史发展的必然产物，是马克思主义与中国工人运动相结合的产物。旧式的资产阶级革命运动不能挽救民族危机，中国必须寻找一条新的道路。第一次世界大战和俄国十月革命后，马克思主义在中国得到广泛传播。马克思主义与中国工人运动相结合，中国共产党应运而生。

（2）中国共产党有先进的理论作指导，代表了中华民族和中国人民的根本利益，代表了历史的前进方向。中国共产党人的初心和使命，就是为中国人民谋幸福，为中华民族谋复兴。这个初心和使命是激励中国共产党人不断前进的根本动力。

中国共产党带领中国人民打败了日本帝国主义，推翻了国民党反动统治，完成了新民主主义革命，推翻了帝国主义、封建主义、官僚资本主义三座大山，实现了民族独立和人民解放，建立了中华人民共和国，实现了中国从几千年封建专制统治向人民民主的伟大飞跃。

1949年后，中国共产党带领中国人民进行了社会主义革命，确立了社会主义基本制度，完成了中华民族有史以来最为广泛而深刻的社会变革，为当代中国一切发展进步奠定了根本政治前提和制度基础。1978 年，实行改革开放，极大地激发了广大人民群众的创造性，极大地解放和发展了社会生产力，极大地增强了社会发展活力。

党的十八大以来，中国共产党着眼于实现“两个一百年”奋斗目标和中华民族伟大复兴的历史使命，在一系列治国理政新理念、新思想、新战略的指导下，砥砺奋进，硕果累累。中国前所未有地接近中华民族伟大复兴目标、前所未有地走近世界舞台中心。中国实现了强起来的伟大飞跃。

第五章　中国革命的新道路

知识图谱

- 第五章 中国革命的新道路
  - 对革命新道路的艰苦探索
    - 国民党在全国统治的建立
    - 土地革命战争的兴起
    - 走农村包围城市、武装夺取政权的道路
  - 中国革命在探索中曲折前进
    - 土地革命战争的发展及其挫折
    - 中国革命的历史性转折
    - 总结历史经验，迎接全民族抗日战争

要点解析

在国民党的统治下，中国社会的半殖民地半封建性质没有改变。白色恐怖笼罩着全国城乡。中国革命转入低潮，中国共产党人开始了长时间的艰苦的探索。农村包围城市、武装夺取政权这条革命新道路的开辟，依靠了党和人民的集体奋斗，凝聚了党和人民的集体智慧。农村包围城市、武装夺取政权的理论，是在以毛泽东为主要代表的中国共产党人同当时党内盛行的把马克思主义教条化、把共产国际决议和苏联经验神圣化的错误倾向做坚决斗争的基础上逐步形成的。随着革命新道路的开辟，中国革命开始走向复兴。伟大的长征精神，是以爱国主义为核心的民族精神的最高体现。这些也是本章的重点和要点。

1. 如何理解大革命失败之后国民党和南京国民政府的性质

在 1927 年大革命失败以后，国民党已经不再是工人、农民、城市小资产阶级和民族资产阶级的革命联盟，而是变成了一个由代表地主阶级、买办性的大资产阶级利益的反动集团所控制的政党。国民党所实行的是代表地主阶级、买办性的大资产阶级利益的一党专政和军事独裁统治。国民党本身也不是严密的统一体，而是派系林立，不断进行着明争暗斗，直到兵戎相见。它的“统一”是表面的和不稳定的。国民党政府的统治依然是地主阶级和买办性的大资产阶级的统治，同北洋军阀的统治没有本质的区别。

2. 在大革命失败之后，国民党是怎样实行一党专政的军事独裁统治的

首先，国民党政府建立了旨在镇压人民和消灭异己力量的庞大军队。从数量看，国民党控制的军事力量是空前的。从实践看，这支武装力量的主要职能就是维护一党独裁统治，打击各种民主势力，而面对外来侵略势力，奉行的却是“攘外必先安内”的不抵抗政策。广大人民被置于国民党武装的严密控制和监视之下。

其次，国民党政府建立了旨在维护独裁统治的特务系统。国民党建立起了覆盖面极其广泛的庞大特务体系，包括国民党中央组织部调查统计局（简称“中统”）和国民党军事委员会调查统计局（简称“军统”）。其主要任务就是反对共产党，破坏革命运动，绑架或暗杀革命者和异己分子。

再次，国民党政府建立了旨在用野蛮手段控制人民群众的反动保甲制度。国民党政府在全国建立起了保甲制度，规定十户为甲，十甲为保，分设甲长、保长。核心是通过封建式的互相监视、互相告发的连坐制来防范革命势力。广大人民被禁锢在保甲制度之内。

最后，为了控制舆论，剥夺人民的言论和出版自由，国民党还厉行文化专制主义。大批进步书刊被查禁，许多进步作家被监视、拘捕乃至枪杀。

国民党政府主要就是通过这些方法，来维护帝国主义、封建主义、官僚资本主义的利益，实行带有浓厚封建色彩的家族式的独裁专制和一党专政的军事独裁统治，维持着与新生产力发展不相适应的旧制度。国民党政府成为中国社会发展的最大障碍，成为革命的主要对象。正因为如此，中国人民要争得自身解放和民族独立，就必须同这个反动统治作坚决的斗争。

3. “八七会议”的主要内容有哪些

1927 年 8 月 7 日，中共中央在汉口秘密召开紧急会议（即“八七会议”），彻底清算了大革命后期的陈独秀右倾机会主义错误，确定了土地革命和武装反抗国民党反动统治的总方针，并选出了以瞿秋白为首的中央临时政治局。毛泽东在会上着重阐述了党必须依靠农民和掌握枪杆子的思想，强调党“以后要非常注意军事，须知政权是由枪杆子中取得的”。会议还提出了“整顿改编自己的队伍，纠正过去严重的错误，而找着新的道路”的任务。“八七会议”使中国共产党在政治上大大前进了一步，开始了从大革命失败到土地革命战争兴起的转折。

4. 大革命失败之后，中国共产党采取的武装反抗国民党反动统治的斗争有哪些

1927 年 7 月中旬，中共中央临时政治局常委会决定了三件大事：将党所掌握和影响的部队向南昌集中，准备起义；组织湘、鄂、赣、粤四省的农民，在秋收季节举行暴动；召集中央会议，讨论和决定新时期的方针和政策。

1927 年 8 月 1 日，以周恩来为书记的前敌委员会及贺龙、叶挺、朱德、刘伯承等人，率领共产党掌握或影响的北伐军 2 万多人在南昌举行起义，打响了武装反抗国民党反动统治的第一枪。这是中国共产党独立领导革命战争、创建人民军队和武装夺取政权的开端。

9月9日，毛泽东等领导的湘赣边界秋收起义爆发。起义军公开打出了“工农革命军”的旗帜；在攻打长沙的计划受挫后，起义部队决定南下，向敌人控制比较薄弱的农村区域转移，并于10月7日抵达江西省宁冈县茅坪，开始了创建井冈山农村革命根据地的斗争。

1927年12月11日，中共广东省委书记张太雷和叶挺、叶剑英等领导了广州起义，对国民党的屠杀政策发动了又一次英勇的反击。

从1927年大革命失败到1928年初，中国共产党还先后在海陆丰、琼崖、鄂豫边、赣西南、赣东北、湘南、湘鄂西、闽西、陕西等地区领导了近百次武装起义。

南昌起义、秋收起义和广州起义，开启了中国革命新纪元。中国革命由此发展到了一个新的阶段，即土地革命战争时期。

5. 中国共产党人对革命新道路做了哪些理论探索

首先，中共中央对于革命新道路的不断探索。“八七会议”提出了“整顿改编自己的队伍，纠正过去严重的错误，而找着新的道路”的任务。中共六大提出，在继续把城市工作的复兴视为革命高潮到来的决定条件的同时，肯定了农村根据地和红军是决定革命新高潮到来的更大的发展基础和重要力量。中共六届二中全会进一步指出：在中国，找不到一个经济力量能够统治全国的大城市；中国可以划分为许多小国，它们的经济力量都可以独立，所以中国革命要胜利，必须要有红军，必须要有广大的苏维埃区域的帮助。中共中央给红四军前委的指示信中指出：先有农村红军，后有城市政权，这是中国革命的特征，这是中国经济基础的产物。

其次，毛泽东对于革命新道路形成作出了杰出贡献。一是把向农村进军作为革命新道路探索的重要起点，率先把革命的进攻方向指向了农村，毛泽东是全党迈出这一关键步骤的第一人。二是创建性地解决了新型革命军队建设中的系列重大问题。在秋收起义中打出“工农革命军”的独立旗帜，从“三湾改编”到古田会议，奠定了党对军队绝对领导的体制机制，确立了思想建党、政治建军原则。创造性地解决了在农村环境中、在党组织和军队以农民为主要成分的环境下，如何从加强思想建设入手，保持党的无产阶级先锋队性质和建设党领导的新型人民军队的问题。这是人民军队完全区别于一切旧军队的政治特质和根本优势，对于中国革命新道路的开辟和坚持具有重要的意义。三是系统阐述工农武装割据的思想，奠定了农村革命新道路的坚实基础。早在1928年10月和11月，毛泽东就写了《中国的红色政权为什么能够存在？》和《井冈山的斗争》，明确指出以农业为主要经济的中国革命，以军事发展暴动，是一种特征；同时还科学地阐述了共产党领导的土地革命、武装斗争与根据地建设这三者之间的辩证统一关系，强调工农武装割据的思想，是共产党和割据地方的工农群众必须具备的一个重要思想。1930年1月，毛泽东在《星星之火，可以燎原》一文中进一步指出：红军、游击队和红色区域的建立和发展，是半殖民地中国在无产阶级领导之下的农民斗争的最高形式，和半殖民地农民斗争发展的必然结果，并且是促进全国革命高潮的最重要因素。四是科学阐明了农村革命根据地在中国革命中的重要地位的思想。针对共产国际和中共党内某些人担心农村斗争超过城市斗争将不利于中国革命的观点，毛泽东指出：半殖民地中国的革命，只有农民斗争得不到工人的领导而失败，没有农民斗争的发展超过工人的势力而不利于革命本身的。以毛泽东为书记的红四军前敌委员会还明确地提出了“农村工作是第一步，城市工作是第二步”的思想。

6. 20 世纪 30 年代前期、中期，中国共产党内为什么连续出现“左”倾错误

从 1927 年 7 月大革命失败到 1935 年 1 月遵义会议召开之前，“左”倾错误先后三次在党中央的领导机关取得了统治地位。

第一次是 1927 年 11 月至 1928 年 4 月的“左”倾盲动错误，认为革命形势在不断高涨，盲目要求“创造总暴动的局面”。第二次是 1930 年 6 月至 9 月以李立三为代表的“左”倾冒险主义，错误地认为中国革命乃至世界革命进入高潮，盲目要求举行全国暴动和集中红军力量攻打武汉等中心城市。第三次是 1931 年 1 月至 1935 年 1 月以陈绍禹（王明）为代表的“左”倾教条主义。这几次“左”倾错误，尤其是以王明为代表的“左”倾教条主义错误，使中国革命受到严重挫折。

中国共产党屡次犯“左”倾错误的主要原因在于，一是“八七会议”以后党内一直存在着的浓厚的“左”倾情绪始终没有得到认真的清理，共产国际对中国共产党内部事务的错误干预和指挥。二是全党的马克思主义理论准备不足，理论素养不高，实践经验也很缺乏，对于中国的历史状况和社会状况、中国革命的特点、中国革命的规律不了解，对于马克思列宁主义的理论和中国革命的实践没有统一的理解。不善于把马克思列宁主义与中国实际全面地、正确地结合起来。

7. 为什么说遵义会议是中国共产党历史上一个生死攸关的转折点

首先，遵义会议集中解决了当时具有决定意义的军事问题和组织问题。经过激烈的争论，多数人同意以毛泽东为代表的正确意见，批评了博古、李德在第五次反“围剿”中的错误。会议增选毛泽东为中央政治局常务委员，并委托张闻天起草《中央关于反对敌人五次“围剿”的总结的决议》（即遵义会议决议）。会后不久，中共中央政治局常务委员分工，根据毛泽东的提议，决定由张闻天代替博古负总的责任；博古任红军总政治部代理主任；成立了由周恩来、毛泽东、王稼祥组成的新的“三人团”，全权负责红军的军事行动。会议的一系列重大决策，是在中国共产党同共产国际的联系中断的情况下，独立自主地作出的。

其次，遵义会议开始确立以毛泽东为主要代表的马克思主义的正确路线在党中央的领导地位，从而在极其危急的情况下挽救了中国共产党、挽救了中国工农红军、挽救了中国革命，成为中国共产党历史上一个生死攸关的转折点。这为党和革命事业转危为安、不断打开新局面提供了最重要的保证。

遵义会议表明，作为一个严肃的、对人民负责任的马克思主义政党，中国共产党是敢于正视自己的错误，并注意从自己所犯的错误中学习并吸取教训的。革命的政党，革命的人民，总是要反复地经过正反两方面的教育，经过比较和对照，才能够锻炼得成熟起来，才有赢得胜利的保证。

8. 长征精神是什么？如何理解长征精神

长征历时之长、规模之大、行程之远、环境之险恶、战斗之惨烈，在中国历史上是绝无仅有的，在世界战争史乃至人类文明史上也是极为罕见的。红军将士上演了世界军事史上威武雄壮的战争活剧，创造了气吞山河的人间奇迹。红军长征胜利使中国革命转危为安。红军的长征宣告了国民党反动派消灭中国共产党和红军的图谋彻底失败，宣告了中国共产党和红军肩负着民族希望胜利实现了北上抗日的战略转移，实现了中国共产党和中国革命事业从挫折走向胜利的伟大转折。

中国工农红军的长征是一部伟大的革命英雄主义的史诗。它向全中国和全世界宣告，中国共产党及其领导的人民军队，是一支不可战胜的力量。中国共产党人和红军将士用生命和热血铸就了伟大的长征精神，这就是：把全国人民和中华民族的根本利益看得高于一切，坚定革命的理想和信念，坚信正义事业必然胜利的精神；就是为了救国救民，不怕任何艰难险阻，不惜付出一切牺牲的精神；就是坚持独立自主、实事求是，一切从实际出发的精神；就是顾全大局、严守纪律、紧密团结的精神；就是紧紧依靠人民群众，同人民群众生死相依、患难与共、艰苦奋斗的精神。

伟大的长征精神，是中国共产党人及其领导的人民军队革命风范的生动反映，是中华民族自强不息的民族品格的集中展示，是以爱国主义为核心的民族精神的最高体现。长征精神为中国革命不断从胜利走向胜利提供了强大精神动力。伟大的长征精神，作为中国共产党人红色基因和精神族谱的重要组成部分，已经深深融入了中华民族的血脉和灵魂，成为社会主义核心价值观的丰富滋养，成为鼓舞和激励中国人民不断攻坚克难、从胜利走向胜利的强大精神动力。

学习检测

一、单项选择题

1. 1928 年 12 月 29 日，（　　）宣布“改易旗帜”，国民党在全国范围内建立了自己的统治。

A. 冯玉祥　　B. 李宗仁　　C. 张学良　　D. 汪精卫

2.（　　）年 10 月，国民党中央常务委员会通过《训政纲领》，北洋政府时期形式上存在的议会制度被彻底废除了。

A.1927 年　　B.1928 年　　C.1929 年　　D.1930 年

3.（　　）年 12 月，国民党在全国推行保甲制度，加强对全国人民的控制。

A.1928 年　　B.1930 年　　C.1932 年　　D.1934 年

4.（　　）的发表，标志着“农村包围城市，武装夺取政权”革命道路的开辟。

A.《中国的红色政权为什么能够存在》　　B.《井冈山的斗争》

C.《反对本本主义》　　D.《星星之火，可以燎原》

5. 毛泽东提出的“政权是由枪杆子取得的”论断是在（　　）上。

A. 赣南会议　　B. 遵义会议　　C. 八七会议　　D. 古田会议

6. 1931 年 11 月，中华苏维埃第一次全国代表大会选举（　　）为中华苏维埃共和国临时中央政府主席。

A. 项英　　B. 刘少奇　　C. 毛泽东　　D. 任弼时

7. 公开打出了“工农革命军”旗帜的起义是（　　）。

A. 南昌起义　　B. 秋收起义　　C. 广州起义　　D. 黄麻起义

8. 土地革命战争时期，确立“思想建党、政治建军”原则的会议是（　　）。

A. 八七会议　　B. 遵义会议　　C. 中共六大　　D. 古田会议

9. 土地革命战争时期，中央革命根据地是指（　　）。

A. 鄂豫皖根据地　　B. 陕北根据地

C. 赣南闽西根据地　　D. 闽浙赣根据地

10. 1935 年 11 月，红二、六军团从（　　）根据地出发，开始长征。

A. 川陕　　B. 鄂豫皖　　C. 湘鄂川黔　　D. 湘鄂西

11. 中国共产党确定土地革命和武装反抗国民党反动派总方针的会议是（　　）。

A. 中共五大　　B. 中共六大　　C. 八七会议　　D. 古田会议

12. 中国共产党独立领导革命战争，创建人民军队和武装夺取政权的伟大开端是党领导的（　　）。

A. 广州起义　　B. 秋收起义　　C. 南昌起义　　D. 五卅运动

13. 毛泽东提出“中国革命斗争的胜利要靠中国同志了解中国情况”的文章是（　　）。

A.《中国的红色政权为什么能够存在？》　　B.《井冈山的斗争》

C.《星星之火，可以燎原》　　D.《反对本本主义》

14. 第五次反“围剿”失败的最主要原因是（　　）。

A. 主张“御敌于国门之外”　　B. 进攻受挫后采取消极防御方针
C.“左”倾错误的进一步发展　　D. 丧失了与福建十九路军的合作良机

15. 1936 年 10 月，在甘肃会宁、静宁将台堡胜利会师的红军三大主力没有（　　）。
A. 红一方面军　　B. 红二方面军　　C. 红十五军团　　D. 红四方面军

16. 1930 年 1 月，毛泽东在《星星之火，可以燎原》一文中写道：“我所说的中国革命高潮快要到来，绝不是如有些人所谓‘有到来之可能’那样完全没有行动意义的、可望而不可即的一种空的东西。它是站在海岸遥望海中已经看得见桅杆尖头了的一只航船，它是立于高山之巅远看东方已见光芒四射喷薄欲出的一轮朝日，它是躁动于母腹中的快要成熟了的一个婴儿。”这段话是针对当时党内和红军中存在的（　　）。
A.“在全国范围内先争取群众后建立政权”的理论
B.“御敌于国门之外”的主张
C.“红旗到底打得多久”的疑问
D.“一省或数省的首先胜利”的设想
——该题出自“2014 年硕士研究生入学考试政治试题”第 11 题

17. 1929 年 12 月下旬，红四军党的第九次代表大会在福建上杭县古田村召开，会议总结了红军创立以来的经验，通过了著名的古田会议决议。决议的中心思想是（　　）。
A. 中国共产党必须服从共产国际的领导　　B. 武装斗争是中国革命的主要形式
C. 在农村根据地广泛开展土地革命　　D. 用无产阶级思想进行军队和党的建设
——该题出自“2015 年硕士研究生入学考试政治试题”第 12 题

二、多项选择题

1. 1927 年 7 月中旬，中共中央临时政治局常委会决定在（　　）几省组织秋收暴动。
A. 湖南　　B. 湖北　　C. 江西　　D. 广东

2. 土地革命战争时期，中共党内出现的三次“左”倾错误是（　　）。
A.“左”倾盲动主义错误　　B. 李立三冒险主义错误
C. 王明“左”倾教条主义错误　　D. 赣南会议“左”倾错误

3. 遵义会议解决的主要问题是（　　）。
A. 军事问题　　B. 思想问题　　C. 组织问题　　D. 政治路线问题

4. 土地革命战争时期，中共召开的具有历史转折意义的会议有（　　）。
A. 八七会议　　B. 古田会议　　C. 中共六大　　D. 遵义会议

5. 红军长征到达陕北后，为总结历史经验，迎接全国抗战的到来，毛泽东先后写了（　　）。
A.《论反对日本帝国主义的策略》　　B.《中国革命战争的战略问题》
C.《新民主主义论》　　D.《实践论》

6. 在探索中国革命新道路的过程中，毛泽东写的重要著作有（　　）。

A.《中国的红色政权为什么能够存在？》　B.《井冈山的斗争》

C.《反对本本主义》　D.《星星之火，可以燎原》

7. 王明“左”倾教条主义统治党内时期，在江西错误地开展了反对（　　）的斗争，把矛头实际指向毛泽东的正确主张。

A. 邓小平　B. 毛泽覃　C. 谢唯俊　D. 古柏

8. 遵义会议后，中共中央成立了由（　　）组成的三人小组，全权负责红军的军事行动。

A. 朱德　B. 毛泽东　C. 周恩来　D. 王稼祥

9. 毛泽东提出的工农武装割据思想包括（　　）三方面内容。

A. 土地革命　B. 经济建设　C. 武装斗争　D. 根据地建设

10. 大革命失败后，国民党实行一党专政的军事独裁统治包括（　　）。

A. 建立庞大的军队　B. 建立全国性特务系统

C. 大力推行保甲制度　D. 厉行文化专制主义

11. 为了镇压人民和消灭异己力量，国民党建立了庞大的全国性特务系统，其主要的特务机关有（　　）。

A. 军统　B. 中统　C. 战略情报局　D. 特高课

12. 大革命失败后，中国共产党在 1927 年发动的三大著名起义是（　　）。

A. 南昌起义　B. 秋收起义　C. 广州起义　D. 百色起义

13. 1927 年 7 月大革命失败到 1935 年 1 月遵义会议召开之前，“左”倾错误先后三次在党中央的领导机关取得了统治地位，即（　　）。

A. 陈独秀的“左”倾机会主义　B. 以王明为代表的“左”倾教条主义

C. 以瞿秋白为代表的“左”倾盲动主义　D. 以李立三为代表的“左”倾冒险主义

14. 20 世纪 30 年代前期、中期，中国共产党屡次出现严重的“左”倾错误，主要的原因在于（　　）。

A. 八七会议以后党内一直存在着的浓厚的“左”倾情绪始终没有得到认真的清理

B. 共产国际对中国共产党内部事务错误干预和指挥

C. 不善于把马克思列宁主义与中国实际全面地、正确地结合起来

D. 在党内斗争和组织问题上，推行宗派主义和“残酷斗争，无情打击”的方针

15. 以下关于“遵义会议”的表述，正确的是（　　）。

A. 会议集中解决了当时具有决定意义的军事问题和组织问题

B. 会议的一系列重大决策是在共产国际的指导下作出的

C. 是党的历史上一次生死攸关的转折点

D. 标志着中国共产党在政治上开始走向成熟

16. 忠诚于党、听党指挥是我军的光荣传统。1929 年 12 月下旬，红四军党的第九次代表大会在福建上杭县古田村召开。这次会议史称“古田会议”。会议通过的毛泽东起草的决议案，确立了思想建党、政治建军原则，规定红军是一个执行革命的政治任务的武装集团，必须（　　）。

A. 实行全国军事的总动员　　B. 担负打仗、筹款和做群众工作的任务

C. 加强政治工作　　D. 绝对服从共产党的领导

——该题出自“2018 年硕士研究生入学考试政治试题”第 27 题

17. 1927 年 10 月，毛泽东率领湘赣边界秋收起义的工农革命军，开始创建以宁冈为中心的井冈山农村革命根据地，走农村包围城市、武装夺取政权的革命新道路。毛泽东确定在井冈山建立根据地，是因为这个地区（　　）。

A. 有较好的群众基础　　B. 地势险要且易守难攻

C. 易于部队筹款筹粮　　D. 敌人的统治力量比较薄弱

——该题出自“2019 年硕士研究生入学考试政治试题”第 27 题

三、判断题

1. 大革命失败后，国民党已经成为工人、农民、城市小资产阶级和民族资产阶级的联盟。

2. 古田会议确立了思想建党、政治建军原则，对于中国革命新道路的开辟和坚持具有重要意义。

3. 1935 年 6 月，中央红军抵达四川懋功，与红二方面军会师。

4. 中国历史上第一个制定了切实可行的土地革命路线的是中国共产党。

5. 1935 年 1 月召开的遵义会议，在思想上肃清了“左”倾教条主义影响。

四、材料分析题

结合材料回答问题

材料：从 1934 年 10 月至 1936 年 10 月，红军第一、第二、第四方面军和第二十五军进行了伟大的长征，我们党领导红军，以非凡的智慧和大无畏的英雄气概，战胜千难万险，付出巨大牺牲，胜利完成震撼世界、彪炳史册的长征，宣告了国民党反动派消灭中国共产党和红军的图谋彻底失败，宣告了中国共产党和红军肩负着民族希望胜利实现了北上抗日的战略转移，实现了中国共产党和中国革命事业从挫折走向胜利的伟大转折，开启了中国共产党为实现民族独立、人民解放而斗争的新的伟大进军。

长征途中，英勇的红军，血战湘江，四渡赤水，巧渡金沙江，强渡大渡河，飞夺泸定桥，鏖战独树镇，勇克包座，转战乌蒙山，击退上百万穷凶极恶的追兵阻敌，征服空气稀薄的冰山雪岭，穿越渺无人烟的沼泽草地，纵横十余省，长驱二万五千里。

长征途中，党中央召开的遵义会议，是我们党历史上一个生死攸关的转折点，这次会议确立了毛泽东同志在红军和党中央的领导地位，开始确立了以毛泽东同志为主要代表的马克思主义正确路线在党中央的领导地位，开始形成以毛泽东同志为核心的党的第一代中央领导集体，这是我们党和革命事业转危为安、不断打开新局面的最重要保证。

长征途中，我们党通过艰苦卓绝的实践探索，成功把解决生存危机同拯救民族危亡联系在一起，把长征的大方向同建立抗日前进阵地联系在一起，实现了国内革命战争向抗日民族战争的转变，为夺取中国人民抗日战争胜利、进而夺取新民主主义革命胜利打下了坚实基础。

长征的胜利，不仅保存了革命力量，而且使我们党找到了中国革命力量生存发展新的落脚点，找到了中国革命事业胜利前进新的出发点。从长征的终点出发，我们党领导中国人民展开了中国革命波澜壮阔的新画卷。

历史是不断向前的，要达到理想的彼岸，就要沿着我们确定的道路不断前进，每一代人有每一代人的长征路，每一代人都要走好自己的长征路。今天，我们这一代人的长征，就是要实现“两个一百年”奋斗目标、实现中华民族伟大复兴的中国梦。

实现伟大的理想，没有平坦的大道可走。夺取坚持和发展中国特色社会主义伟大事业新发展，夺取推进党的建设新的伟大工程新成效，夺取具有许多新的历史特点的伟大斗争新胜利，我们还有许多“雪山”“草地”需要跨越，还有许多“娄山关”“腊子口”需要征服，一切贪图安逸、不愿继续艰苦奋斗的想法都是要不得的，一切骄傲自满、不愿继续开拓前进的想法都是要不得的。

长征永远在路上，一个不记得来路的民族，是没有出路的民族，不论我们的事业发展到哪一步，不论我们取得了多大的成就，我们都要大力弘扬伟大长征精神，在新的长征路上继续奋勇前进。

——摘自习近平《在纪念红军长征胜利80周年大会上的讲话》

（1）为什么说长征的胜利既是“中国革命力量生存发展新的落脚点”也是“中国革命事业胜利前进新的出发点”？

（2）如何理解“长征永远在路上”？

该题出自“——2017年硕士研究生入学考试政治试题”第36题

参考答案

一、单项选择题

1.C　2.B　3.D　4.D　5.C　6.C　7.B　8.D　9.C　10.C　11.C　12.C　13.D　14.C

15.C 16.C 17.D

二、多项选择题

1.ABCD 2.ABC 3.AC 4.AD 5.ABD 6.ABCD 7.ABCD 8.BCD 9.ACD 10.ABCD 11.AB 12.ABC 13.BCD 14.ABC 15.ACD 16.BCD 17.ABCD

三、判断题

1.× 2. √ 3.× 4. √ 5.×

四、材料分析题

（1）土地革命时期，由于党内“左”倾教条主义的错误，中央革命根据地第五次反“围剿”失败，中国革命面临着方向和道路的抉择。长征途中，中国共产党通过艰苦卓绝的实践探索，成功把解决生存危机同拯救民族危亡联系在一起，把长征同建立抗日前进阵地联系在一起，实现了国内革命战争向抗日民族战争的转变，为夺取中国人民抗日战争胜利、进而夺取新民主主义革命胜利打下了坚实基础。

红军长征到陕北后，革命力量有了新的战略基地。长征的胜利，不仅保存了革命力量，而且找到了中国革命力量生存发展新的落脚点，找到了中国革命事业胜利前进新的出发点。从长征的终点出发，中国共产党领导中国人民展开了中国革命波澜壮阔的新画卷。长征胜利后，在中国共产党领导下，中国人民取得了抗日战争和解放战争的胜利，开启了中国共产党为实现民族独立、人民解放而斗争的新的伟大进军。

（2）中国共产党领导的革命、建设与改革事业都是一场伟大的长征。在革命年代，长征实现了中国共产党和中国革命事业从挫折走向胜利的伟大转折，开启了中国共产党为实现民族独立、人民解放而斗争的新的伟大进军。新民主主义革命胜利后，中国共产党带领中国人民经过艰苦摸索和曲折实践，开启了建设中国特色社会主义的长征，找到了中国特色社会主义道路，迎来了中华民族伟大复兴的光明前景。在当代中国，中国共产党带领中国人民正走在实现“两个一百年”奋斗目标、实现中华民族伟大复兴的中国梦的新长征路上，夺取坚持和发展中国特色社会主义伟大事业新进展，夺取推进党的建设新的伟大工程新成效，夺取具有许多新的历史特点的伟大斗争新胜利。实现民族复兴的中国梦，必须继续发扬长征精神。

第六章　中华民族的抗日战争

知识图谱

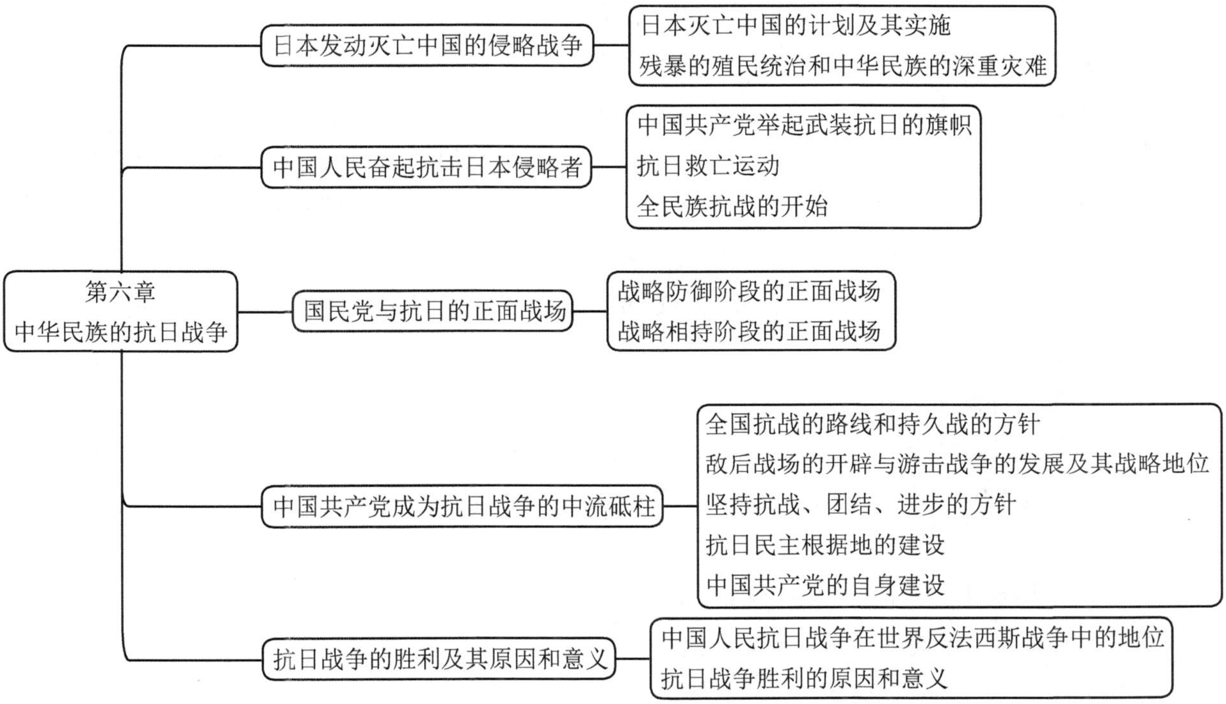

要点解析

面对日本的野蛮侵略，中国人民毅然奋起、英勇抵抗，进行了长达十四年艰苦卓绝的抗日战争。抗日战争是中华民族全民族的反侵略战争，是一场正义战争。全国各界民众以不同形式参加抗日民族统一战线，投入到了全民族抗战中。中国人民抗日战争的胜利，是近代以来中国抗击外敌入侵的第一次完全胜利。中国人民抗日战争是 20 世纪中国和人类历史上的重大事件，为中华民族由近代以来陷入深重危机走向伟大复兴确立了历史转折点。正确认识中国共产党在抗日战争中发挥的中流砥柱作用，全面认识抗战胜利的伟大意义和经验是本章的重点和要点。

1. 为什么说中国共产党率先举起了武装抗日的旗帜

面对日本的大举侵略，国民党政府一再退让。蒋介石在 1931 年 7 月已提出“攘外必先安内”的方针。与当时国民党当局采取的不抵抗主义形成鲜明的对照，中国共产党率先举起了武装抗日的旗帜。

在“九一八事变”后，9月20日，中共中央即发表宣言，揭露日本帝国主义侵占东北的目的是使中国完全变成它的殖民地。中共中央发布一系列文告，号召全国工农武装起来，进行民族的自卫战争。党的各级组织要求每一个党员必须发挥自己全部的积极性，英勇地走上民族解放战争的战场，成为参加民族解放战争的先锋和模范。1932年4月15日，中华苏维埃共和国临时中央政府宣布对日作战。

中国共产党不仅积极参加和推动各地的抗日救亡运动，而且直接领导了东北人民的抗日武装斗争。中共中央以及东北党组织先后选派罗登贤、杨靖宇、赵尚志、周保中、赵一曼等到东北，加强中共满洲省委及各级地方党组织的领导力量。中共满洲省委派出大批党员、干部到抗日义勇军中工作。1933年年初，中国共产党领导的抗日游击队先后在东北各地崛起。1934年，各抗日游击队先后改编为东北人民革命军；1936年2月以后，又陆续改建为东北抗日联军。东北抗日联军同日军进行了艰苦卓绝的斗争，沉重打击了日本侵略者。

2. 如何理解中国共产党全面抗战的路线和持久战的方针

全面抗战的路线：中国共产党确信，只有动员和依靠群众，才能坚持抗战，并使抗战的胜利成为人民的胜利。与国民党实行的片面抗战路线不同，中国共产党一开始就主张实行全面抗战的路线，即人民战争路线。

1937年8月，中国共产党在陕北洛川召开政治局扩大会议，制定了抗日救国十大纲领，强调要打倒日本帝国主义，关键在于使已经发动的抗战成为全面的全民族的抗战。为此，必须实行全国军事的总动员、全国人民的总动员；必须改革政治机构，给人民以充分的抗日民主权利，并适当改善工农大众的生活。会议强调，必须坚持统一战线中无产阶级的领导权，在敌人后方放手发动独立自主的山地游击战争，在国民党统治区放手发动抗日的群众运动。

毛泽东强调，“兵民是胜利之本”。战胜日本的侵略，必须进行人民战争。在中国，农民是民主革命的主要力量。进行人民战争，首先和主要的，就是要深入敌后，发动和组织广大的农民，开展游击战争和群众工作，创建抗日民主政权，逐步把落后的农村建设成为先进的革命阵地。中国共产党把工作的重点放在敌后农村，在新的抗日民族解放战争条件下，继续走农村包围城市的道路。

持久战的方针：1938年5月至6月间，毛泽东发表《论持久战》的讲演，总结抗战10个月来的经验，集中全党智慧，系统地阐明了持久抗战的总方针。

毛泽东指出，中日战争是半殖民地半封建的中国和帝国主义的日本之间在20世纪30

年代进行的一个决死的战争。一方面，日本是强国，中国是弱国，强国弱国的对比，决定了抗日战争只能是持久战。另一方面，日本是小国，发动的是退步的、野蛮的侵略战争，在国际上失道寡助；而中国是大国，进行的是进步的、正义的反侵略战争，在国际上得道多助。中国已经有了代表中华民族和中国人民根本利益的、在政治上成熟的中国共产党及其领导的抗日根据地和人民军队。因此，最后胜利将是属于中国的。

毛泽东还科学地预测了抗日战争的发展进程。即：抗日战争将经过战略防御、战略相持、战略反攻三个阶段。其中，战略相持阶段，是中国抗日战争取得最后胜利的最关键的阶段。只要坚持持久抗战、坚持抗日民族统一战线，中国就将在这个阶段中获得转弱为强的力量。

毛泽东阐明的持久战战略思想，揭示了抗日战争的发展规律和坚持抗战、争取抗战胜利必须实行的战略方针，对全国抗战的战略指导产生了积极的影响。

3. 如何理解中国共产党为了巩固抗日民族统一战线而制定的“发展进步势力，争取中间势力，孤立顽固势力”的策略总方针

为了抗日民族统一战线的坚持、扩大和巩固，中国共产党总结反“摩擦”斗争的经验，制定了“发展进步势力，争取中间势力，孤立顽固势力”的策略总方针。

进步势力主要是指工人、农民和城市小资产阶级。他们是统一战线的基础，抗日战争的主要依靠力量。为了发展进步势力，就要冲破国民党的限制和束缚，放手发动人民群众主要是农民群众，扩大八路军、新四军及其他抗日人民武装，创立抗日民主根据地，在全国发展共产党的组织，发展全国民众的抗日运动。

中间势力主要是指民族资产阶级、开明绅士和地方实力派。争取中间势力需要一定的条件：一是共产党要有充足的力量；二是尊重他们的利益；三是要同顽固派作坚决的斗争，并能一步一步地取得胜利。

顽固势力是指大地主大资产阶级的抗日派，即以蒋介石集团为代表的国民党亲英美派。他们采取两面政策，既主张抗日，又限共、溶共、反共并摧残进步势力。为此，共产党必须以革命的两面政策来对付他们，即贯彻又联合又斗争的政策，斗争不忘统一，统一不忘斗争，二者不可偏废，而以统一为主。同顽固派作斗争时，应坚持有理、有利、有节的原则。

中国共产党上述原则和方针的提出与贯彻实施，对于坚持全民族抗战到底，具有十分重大的意义。

4. 如何理解中国共产党领导的抗日根据地民主政权

中国共产党提出，根据地政权是共产党领导的抗日民族统一战线性质的政权，是一切赞成抗日又赞成民主的人们的政权，是几个革命阶级联合起来对抗汉奸和反动派的民主专政。边区（省）、县参议会既是民意机关，也是立法机关；边区、县、乡抗日民主政府是行政机关；边区高等法院和县法院是司法机关。抗日民主政府在工作人员分配上实行“三三制”原则，即共产党员、非党的左派进步分子和不左不右的中间派各占 1/3。这样做，可以容纳各方面的代表，团结一切赞成抗日又赞成民主的各阶级、阶层。

抗日民主政权普遍采取民主集中制，各级抗日民主政权机构的领导人都经过人民选举产生。抗日民主政权努力发扬政治民主，保障人民的民主自由权利。陕甘宁边区参议会、山东省临时参议会等还专门通过有关保障人权的条例。抗日民主政权实行各民族平等团结、共同抗日的基本政策，在少数民族聚居地区试行民族区域自治。这是中国共产党从中国国情出发解决民族问题的一个创举。

5. 如何理解新民主主义理论

在20世纪30年代后期和40年代前期，为了将丰富的中国革命实际经验马克思主义化，以便更好地指导抗日战争和中国革命，毛泽东撰写了《〈共产党人〉发刊词》《中国革命和中国共产党》《新民主主义论》等一批重要的理论著作。

毛泽东首先揭示了中国半殖民地半封建社会的性质和主要特征，近代中国社会的主要矛盾和中国革命发生及发展的原因。在此基础上，他阐明了中国共产党领导的整个中国革命运动，是包括民主主义革命和社会主义革命两个阶段在内的全部革命运动。而 1919 年五四运动以后的中国民主革命，已经是无产阶级领导的人民大众的反帝反封建的新民主主义革命。它的前途是社会主义。

毛泽东还阐明了中国共产党在新民主主义革命阶段的基本纲领。即：政治上，推翻帝国主义和封建主义的压迫，建立一个以无产阶级为领导、以工农联盟为基础的各革命阶级联合专政的新民主主义共和国；这个共和国的政体是民主集中制的人民代表大会制度。经济上，没收操纵国计民生的大银行、大工业、大商业归新民主主义国家所有，建立国有经济；没收地主阶级的土地归农民所有，并引导个体农民发展合作经济；允许民族资本主义经济的发展和富农经济的存在。文化上，废除封建买办文化，发展无产阶级领导的人民大众的反帝反封建的中华民族的新文化，即民族的科学的大众的文化。

毛泽东总结中国共产党成立以来的历史经验，指出统一战线和武装斗争，是战胜敌人的两个基本武器。而党的组织，则是掌握统一战线和武装斗争这两个武器以实行对敌冲锋陷阵的英勇战士。统一战线、武装斗争、党的建设，这就是中国共产党在中国革命中战胜敌人的三个主要的法宝。

以毛泽东为主要代表的中国共产党人创立的新民主主义理论，是马克思主义基本原理同中国具体实际相结合的成果。新民主主义理论的系统阐明，标志着毛泽东思想得到多方面展开而达到成熟。这个理论从思想上武装了中国共产党人，使他们极大地增强了参加和领导抗日战争和新民主主义革命的自觉性。

6. 中共七大有哪些重要成果

1945年4月23日至6月11日，中国共产党第七次全国代表大会在延安举行。“七大”主要内容有：其一，“七大”制定了党的政治路线，即“放手发动群众，壮大人民力量，在我党的领导下，打败日本侵略者，解放全国人民，建立一个新民主主义的中国”，制定了实现政治路线的正确的纲领和策略；其二，“七大”总结了党的建设的历史经验，把党在长期奋斗中形成的优良传统作风概括为三大作风，即理论和实践相结合的作风、和人民群众紧密地联系在一起的作风、自我批评的作风；其三，“七大”把以毛泽东为主要代表的中国共产党人将马克思列宁主义基本原理同中国具体实际相结合所创造的理论成果，正式命名为毛泽东思想，并将毛泽东思想规定为党的一切工作的指针。

7. 如何理解中国人民抗日战争在世界反法西斯战争中的地位

中国人民抗日战争从一开始就具有拯救人类文明、保卫世界和平的重大意义，是世界反法西斯战争的重要组成部分，中国战场是世界反法西斯战争的东方主战场。

中国抗战在1931年“九一八事变”后即已开始。从1937年中国全民族抗战开始到1939年9月大战在欧洲爆发之前，当英、美、法实行绥靖政策的时候，中国人民孤军奋战，英勇抗击了百万日军的进攻。中国的抗战牵制和削弱了日本的力量，使之不敢贸然北进，从而使苏联得以集中兵力对付德国，避免了东西两面作战；同时也推迟了日本发动太平洋战争的时间，并使之在发动和进行战争时由于兵力不足而不能全力南进，从而减轻了美、英军队受到的压力。

中国坚持持久抗战，抗击和牵制着日本陆军主力，并为同盟国军队实施战略反攻创造了有利条件。中国作为亚洲太平洋地区盟军对日作战的重要后方基地，还为盟国提供了大量战略物资和军事情报。

总之，中国是全世界参加反法西斯战争的五个最大的国家之一。中国人民的抗日战争开展时间最早、持续时间最长。中国是在亚洲大陆上反对日本侵略者的主要国家。从1931年9月至1945年9月，中国军民共歼灭日军150余万人。中国在抗日战争中，为了自己的解放，为了帮助各同盟国，付出了巨大的牺牲，作出了伟大的贡献。

8. 抗日战争胜利的原因是什么

第一，以爱国主义为核心的民族精神是中国人民抗日战争胜利的决定因素。近代以来，中国人民为争取民族独立和解放进行的一系列抗争，是中华民族觉醒和民族精神升华的历史进程。这种民族觉醒和民族精神升华，在抗日战争时期达到了全新的高度。面对民族存亡的空前危机，中国人民的爱国热情像火山一样迸发出来。中华儿女众志成城、共御外侮，为民族而战，为祖国而战，为尊严而战，谱写了惊天地、泣鬼神的爱国主义篇章。

第二，中国共产党的中流砥柱作用是中国人民抗日战争胜利的关键。中国共产党自成立之日起就把实现中华民族伟大复兴作为自己的历史使命。中国共产党倡导和推动国共合作，建立、坚持和发展广泛的抗日民族统一战线。中国共产党坚持全面抗战路线，制定正确的战略策略，开辟广大敌后战场，成为坚持抗战的中坚力量。中国共产党始终坚持抗战、反对投降，坚持团结、反对分裂，坚持进步、反对倒退，同各爱国党派团体和广大人民一起，共同维护团结抗战大局，引领着夺取战争胜利的正确方向，成为夺取战争胜利的民族先锋。

第三，全民族抗战是中国人民抗日战争胜利的重要法宝。抗击侵略、救亡图存成为中国各党派、各民族、各阶级、各阶层、各团体以及海外华侨华人的共同意志。中国共产党坚持动员人民、依靠人民，提出并实施持久战的战略总方针和一整套人民战争的战略战术，广泛开展伏击战、破袭战、地雷战、地道战、麻雀战等游击战的战术战法，使日本侵略者陷入了人民战争的汪洋大海之中。中国人民抗日战争的胜利是全民族抗战的胜利。

第四，中国人民抗日战争的胜利，同世界所有爱好和平和正义的国家和人民、国际组织以及各种反法西斯力量的同情和支持也是分不开的。

9. 如何理解抗日战争胜利的意义

中国人民抗日战争是 20 世纪中国和人类历史上的重大事件，为中华民族由近代以来陷入深重危机走向伟大复兴确立了历史转折点。

第一，中国人民抗日战争的胜利，彻底粉碎了日本军国主义殖民奴役中国的图谋。中国人民用自己的顽强奋战和巨大牺牲，迫使日本归还甲午战争以后从中国窃取的东北、台湾、澎湖列岛等神圣领土，捍卫了国家主权和领土完整，彻底洗刷了近代以来抗击外来侵略屡战屡败的民族耻辱。

第二，中国人民抗日战争的胜利，促进了中华民族的大团结，形成了伟大的抗战精神。中国人民向世界展示了“天下兴亡，匹夫有责”的爱国情怀，视死如归、宁死不屈的民族气节，不畏强暴、血战到底的英雄气概，百折不挠、坚忍不拔的必胜信念。这是中国人民弥足珍贵的精神财富，永远是激励中国人民克服一切艰难险阻、为实现中华民族伟大复兴而奋斗的强大精神动力。

第三，中国人民抗日战争的胜利，对世界各国夺取反法西斯战争的胜利、维护世界和平的事业产生了巨大影响。中国人民为最终战胜世界法西斯势力作出了历史性贡献，在全世界人民面前树立了一个以弱胜强的范例，中国国际地位显著提高。1945 年 4 月，中国同美国、英国、苏联共同发起旧金山会议，共商建立联合国。随着《联合国宪章》正式出台，中国成为联合国安全理事会五个常任理事国之一。中国人民赢得了世界爱好和平人民的尊敬，赢得了崇高的民族声誉。

第四，中国人民抗日战争的胜利，开辟了中华民族复兴的光明前景。经历抗日战争锤炼的中国人民进一步认识到：只有实现民族独立和人民解放，建立人民当家作主的新中国，才能真正实现民族振兴、人民幸福。中国共产党提出的改造旧中国、建设新中国的主张，代表了中国人民的根本利益。人民革命力量进一步发展壮大。这就为中国共产党团结带领全国人民继续奋斗，赢得新民主主义革命的胜利、创建中华人民共和国，奠定了重要的基础。

10. 为什么说中国共产党是中国抗日战争的中流砥柱

中国共产党是中国抗日战争的中流砥柱，这是为抗日战争的历史所充分证明了的科学判断。

第一，中国共产党倡导、促成和维护了抗日民族统一战线，为争取抗战胜利提供了基本保证。在全国抗日救亡运动高涨之际，中国共产党及时提出了抗日民族统一战线的新政策。1935 年 8 月 1 日，中共驻共产国际代表团起草了《为抗日救国告全体同胞书》，12 月，中共中央在陕北瓦窑堡召开政治局会议，提出了在抗日的条件下与民族资产阶级重建统一战线的新政策。1937 年 9 月 22 日，国民党中央通讯社发表《中共中央为公布国共合作宣言》；23 日，蒋介石发表实际承认共产党合法地位的谈话。以国共两党第二次合作为基础的抗日民族统一战线正式形成。为了抗日民族统一战线的坚持、扩大和巩固，中国共产党总结反“摩擦”斗争的经验，制定了“发展进步势力，争取中间势力，孤立顽固势力”的策略总方针。从抗日民族统一战线的建立、巩固和发展看，中国共产党倡导、促成、维护了抗日民族统一战线，实际上成为中国人民抗日战争的坚强政治领导核心。

第二，中国共产党率先并始终高举抗日救亡旗帜，制定全面抗战路线和持久战方针，为争取抗战胜利指明了前进方向、确立了战略方针。在“九一八事变”后，9 月 20 日，中共中央即发表宣言，揭露日本帝国主义侵占东北的目的是使中国完全变成它的殖民地。中共中央发布一系列文告，号召全国工农武装起来，进行民族的自卫战争。中国共产党确信，只有动员和依靠群众，才能坚持抗战，并使抗战的胜利成为人民的胜利。与国民党实行的片面抗战路线不同，中国共产党一开始就主张实行全面抗战的路线，即人民战争路线。1938 年 5 月至 6 月间，毛泽东发表《论持久战》的讲演，总结抗战 10 个月来的经验，集中全党智慧，系统地阐明了持久抗战的总方针。毛泽东阐明的持久战战略思想，揭示了抗日战争的发展规律和坚持抗战、争取抗战胜利必须实行的战略方针，对全国抗战的战略指导产生了积极的影响。

第三，开辟和扩大敌后游击战争配合正面战场作战，牵制日军主力，为扭转战局、争取抗战胜利发挥了决定性作用。为了贯彻执行全面抗战路线，中国共产党作出了开辟敌后战场的战略决策。1937 年 11 月太原失陷后，按照中共中央的部署，八路军在敌后实施战略展开，发动独立自主的敌后游击战争，先后开辟晋察冀、晋西北、晋冀豫、山东和大青山等抗日根据地。在华北，以国民党为主体的正规战争结束，以共产党为主体的游击战争上升到主要地位。新四军则挺进长江南北，开赴苏南、皖南、皖中地区，创建华中抗日根据地。在抗日战争的初期和中期，游击战被提到了战略的地位，具有全局性的意义。游击战在敌后的广泛开展和敌后抗日根据地的开辟，迫使敌人不得不把用于进攻的兵力抽调回来保守其占领区，从而对阻止日军的进攻、减轻正面战场压力、使战争转入相持阶段起了关键性的作用。在战略相持阶段，敌后游击战争成为主要的抗日作战方式。

第四，创建抗日民主根据地，推动国民党统治区的抗日民主运动，为争取抗战胜利打造了战略基地，扩大了群众基础。抗日民主根据地是认真贯彻和实现中国共产党全面抗战路线、坚持抗战和争取胜利的坚强阵地。抗日民主政府在工作人员分配上实行“三三制”原则，即共产党员、非党的左派进步分子和不左不右的中间派各占1/3。这样做，可以容纳各方面的代表，团结一切赞成抗日又赞成民主的各阶级、阶层。各地抗日民主政权十分重视根据地的经济建设。根据地内停止实行没收地主土地的政策，普遍实行减租减息政策。为了胜利地领导中国人民进行抗日战争，中国共产党密切地联系着党的政治路线，在斗争实践中不断推进党的建设的伟大工程。在扩大的六届六中全会上，毛泽东明确地提出了“马克思主义的中国化”这个命题。1945年召开的中共七大制定了党的政治路线，概括了党的三大优良作风，把毛泽东思想确立为指导思想。

第五，推动国统区抗日民主运动。抗战时期，中国共产党的工作重心，是在敌后发动抗日游击战争，建设抗日民主根据地。同时，也在国民党统治区开展促进团结抗日等方面的大量工作。中国共产党的《新华日报》《群众》周刊在国民党统治区公开发行，及时宣传党的主张，鼓舞和激励群众的抗战热情。国民党统治区的抗日民主运动和进步文化工作，是全民族抗日战争中的一条重要的战线，对于激发大后方人民的爱国民主意识、坚持国共合作团结抗战、支援抗战前线、积蓄革命力量等发挥了重要的作用。

学习检测

一、单项选择题

1. 日本发动侵华战争前，制订的一个灭亡中国的计划是（　　）。

A. 工业日本、农业台湾的殖民政策　　B. 彻底征服满蒙的政策

C. 对外扩张的大陆政策　　D. 征服世界的扩张计划

2. 日本在台湾竭力推行“皇民化”运动的根本目的是（　　）。

A. 宣传法西斯主义　　B. 培养和训练汉奸

C. 欺骗舆论，缓和民族矛盾　　D. 实现其民族同化政策

3. 中华民族进入全民族抗战是在（　　）。

A. 九一八事变后　　B. 卢沟桥事变后

C. 华北事变后　　D. 一·二八事变后

4. 抗日民族统一战线初步形成的标志是（　　）。

A. 西安事变的和平解决　　B. 国民党一大的召开

C. 卢沟桥事变的爆发　　D. 九一八事变的爆发

5. 抗战初期，国民政府在正面战场组织了多次大会战，其最重要的意义在于（　　）。

A. 消灭日军大量有生力量　　B. 取得了抗战以来最大的胜利

C. 粉碎了日军速战速决的侵略计划　　D. 掌握了抗日战争主动权

6. 全面抗战路线和片面抗战路线最大的区别是（　　）。

A. 要不要抗日　　B. 依靠哪些力量抗日

C. 采取哪些方法抗日　　D. 在正面战场还是在敌后战场抗日

7. 全国性抗战开始后，中国军队粉碎日军不可战胜神话的战役是（　　）。

A. 台儿庄战役　　B. 昆仑关战役　　C. 百团大战　　D. 平型关战役

8. 1941 年 1 月，国民党顽固派发动第二次反共高潮，袭击新四军，制造了（　　）。

A. 四一二政变　　B. 马日事变　　C. 皖南事变　　D. 三江战役

9. 1945 年 8 月，毛泽东发表的号召对日本侵略者实行全国规模反攻的文章是（　　）。

A.《对日寇的最后一战》　　B.《关于目前形势与党的任务的决定》

C.《为抗日救国告全国同胞书》　　D.《论持久战》

10. 1945 年 9 月 9 日，中国战区日军投降签字仪式在南京举行，日本投降代表是（　　）。

A. 岸信介　　B. 冈村宁次　　C. 东条英机　　D. 东宫铁男

11. 1942 年中国远征军进入缅甸对日作战，在缅北殉国的陆军第二〇〇师师长是（　　）。

A. 戴安澜　　B. 张自忠　　C. 佟麟阁　　D. 饶国华

12. 1940 年 8 月至 12 月，八路军对华北日军发动了一场大规模破袭敌人交通线的战役，史称（　　）。

A. 武汉会战　　B. 淞沪会战　　C. 百团大战　　D. 徐州会战

13. 毛泽东在 1938 年发表的，强调"兵民是胜利之本"，战胜日本的侵略必须进行人民战争的著作是（　　）。

A.《新民主主义论》　　B.《中国革命和中国共产党》

C.《改造我们的学习》　　D.《论持久战》

14. 1938 年 3 月，李宗仁等部取得的歼灭日军一万余人的大捷是（　　）。

A. 淞沪会战　　B. 台儿庄战役　　C. 武汉会战　　D. 中条山战役

15. 中国共产党历史上第一个开展自然科学教学与研究的专门机构是 1940 年 8 月创办的（　　）。

A. 中国科学院　　B. 延安抗大
C. 延安自然科学院　　D. 中国自然科学院

16. “房子是应该经常打扫的，不打扫就会积满了灰尘，脸是应该经常洗的，不洗也就会灰尘满面。我们同志的思想、我们党的工作，也会沾染灰尘的，也应该打扫和洗涤。”这段话形象地反映了中国共产党在长期革命实践中形成的（　　）。

A. 密切联系群众的优良作风　　B. 艰苦奋斗的优良作风
C. 理论联系实际的优良作风　　D. 批评与自我批评的优良作风

——该题出自“2014 年硕士研究生入学考试政治试题”第 12 题

17. 抗日战争是一场全民族反抗外敌入侵的正义战争。抗战初期，在华北战场上规模最大、最激烈的一次战役，也是国共两党军队合作抗日、配合最好的一次战役是（　　）。

A. 台儿庄战役　　B. 长城战役　　C. 平津会战　　D. 忻口会战

——该题出自“2016 年硕士研究生入学考试政治试题”第 11 题

18. 毛泽东思想是马克思主义中国化的第一大理论成果，是在中国革命和建设的实践中逐步形成和发展起来的，在土地革命战争后期和抗日战争时期，毛泽东思想得到了多方面展开而达到成熟，其标志是（　　）。

A. 农村包围城市、武装夺取政权理论的科学概论
B. 新民主主义理论的系统阐释
C. 人民民主专政理论的完整论述
D. 思想政治工作和文化工作理论的系统提出

——该题出自“2017 年硕士研究生入学考试政治试题”第 11 题

19. 20 世纪 40 年代前期，为了提高广大党员的思想建设水平，中国共产党在全党范围内开展了一场整风运动，这场整风运动最主要的任务是（　　）。

A. 反对享乐主义以整顿作风　　B. 反对宗派主义以整顿党风
C. 反对党八股以整顿文风　　D. 反对主观主义以整顿学风

——该题出自“2018 年硕士研究生入学考试政治试题”第 12 题

20. 1936 年 12 月 12 日，张学良、杨虎城发动“兵谏”，扣留了蒋介石，这就是震撼中外的西安事变。事变发生后，中共中央确定了促成事变和平解决的方针，其原因是中国共产党（　　）。

A. 为了团结国民党共同抗日　　B. 不赞成张学良、杨虎城的主张
C. 工作重心转向城市斗争　　D. 接受了共产国际的指示

——该题出自“2019 年硕士研究生入学考试政治试题”第 11 题

二、多项选择题

1. 日军大举入侵中国，给中华民族带来深重灾难，包括（　　）。

A. 制造惨绝人寰的大屠杀　B. 疯狂掠夺中国资源和财富

C. 强制推行奴化教育　D. 焚毁著名皇家园林“圆明园”

2. 日军对中国共产党领导的“八路军”“新四军”及抗日根据地实行“三光”政策是（　　）。

A. 杀光　B. 花光　C. 抢光　D. 烧光

3. 1935 年北平学生抗日游行，喊出的口号有（　　）。

A.“反对华北自治”　B.“停止内战，一致对外”

C.“把日本鬼子赶出中国去”　D.“打倒日本帝国主义”

4. 中国共产党直接领导了东北人民的抗日武装，前去组建东北抗日义勇军的主要干部有（　　）。

A. 赵一曼　B. 杨靖宇　C. 赵尚志　D. 周保中

5. 1941 年 12 月，日本发动太平洋战争后，向日本宣战的国家有（　　）。

A. 美国　B. 印度　C. 英国　D. 意大利

6. 1939 年国民党五届五中全会确立的反共方针有（　　）。

A. 防共　B. 限共　C. 溶共　D. 反共

7. 中国共产党在中国革命中战胜敌人的三大法宝是（　　）。

A. 统一战线　B. 武装斗争　C. 党的领导　D. 党的建设

8. 中国共产党与国民党顽固派斗争的原则是（　　）。

A. 有理　B. 有利　C. 有力　D. 有节

9. 抗日战争胜利的历史意义主要有（　　）。

A. 彻底粉碎了日本军国主义殖民奴役中国的图谋

B. 极大促进了中华民族的大团结，促进了中华儿女的民族认同感、凝聚力和向心力

C. 对世界各国夺取反法西斯战争的胜利、维护世界和平产生了巨大影响

D. 开辟了中华民族复兴的光明前景

10. 抗日战争期间，来华支援中国抗战的著名国际人士有（　　）。

A. 朱可夫　B. 陈纳德　C. 麦克阿瑟　D. 白求恩

11. 1945 年 4 月与中国一起发起旧金山会议，共商建立联合国并成为常任理事国的国家有（　　）。

A. 美国　B. 英国　C. 苏联　D. 印度

12. 中国人民战胜不可一世的日本军国主义，取得抗日战争胜利的原因主要有（　　）。

A. 以爱国主义为核心的民族精神是中国人民取得抗战胜利的决定因素

B. 中国共产党的中流砥柱作用是中国人民取得抗战胜利的关键

C. 全民族抗战是中国人民取得抗战胜利的重要法宝

D. 获得了爱好和平和正义的国家、人民及国际社会组织的同情和支持

13. 1936 年 8 月，法西斯军人控制的广田弘毅内阁制定的侵略计划是（　　）。

A. 占领美洲　　B. 北攻西伯利亚　　C. 南攻南洋群岛　　D. 先打中国

14. 抗日战争时期，中国共产党在进行文化建设和干部教育过程中，创办的培养军事、政治和艺术人才的著名学校有（　　）。

A. 北大　　B. 抗大　　C. 黄埔军校　　D. 鲁艺

15. 抗日战争时期，中国共产党不断加强自身建设，主要内容包括（　　）。

A. 提出马克思主义中国化　　B. 阐明新民主主义理论

C. 开展整风运动，确立实事求是思想路线　　D. 提出和平解决西安事变的主张

16. 抗日战争结束后，中国共产党为避免内战，实现和平建国，采取的主要措施有（　　）。

A. 参加政协会议并维护政协协议　　B. 赴重庆与国民党当局进行谈判

C. 在国统区开辟第二条战线　　D. 在解放区开展土地改革运动

——该题出自“2014 年硕士研究生入学考试政治试题”第 29 题

17. 2014 年 2 月 27 日，十二届全国人大常委会第七次会议通过决定，将 9 月 3 日确定为中国人民抗日战争胜利纪念日，将 12 月 13 日确定为南京大屠杀死难者国家公祭日。设立这两个纪念日（　　）。

A. 有助于向中国人民和世界各国人民传播历史事实的真相

B. 是对抗击日本帝国主义侵略付出巨大牺牲和作出巨大贡献的人们的敬重与缅怀

C. 彰显了中国作为反法西斯主要战场的伟大作用

D. 是对南京大屠杀中大量死难同胞的告慰和尊重

——该题出自“2015 年硕士研究生入学考试政治试题”第 32 题

18. 抗日民主根据地是认真贯彻和实现中国共产党全面抗战路线、坚持抗战和争取胜利的坚强阵地。中国共产党高度重视抗日民主根据地的政权建设，其重要举措有（　　）。

A．在少数民族聚居地区试行民族区域自治

B．各级抗日民主政权机构领导人通过人民选举产生

C．实行工农兵代表大会制度

D．抗日民主政府在工作人员分配上实行“三三制”原则

——该题出自“2018 年硕士研究生入学考试政治试题”第 28 题

三、判断题

1. 1931 年日本策动了“防共自治运动”，制造傀儡政权，史称“华北事变”。
2. 1932 年 4 月 15 日，中华苏维埃共和国临时中央政府宣布对日作战。
3. “一二・九运动”的爆发，标志着中国人民抗日救亡运动新高潮的到来。
4. 在淞沪会战中，赵登禹率军坚守四行仓库，被上海市民誉为“八百壮士”。
5. 战略进攻阶段，中国共产党组织的“百团大战”沉重打击了日本帝国主义。

四、材料分析题

结合材料回答问题

材料 1：中国人民抗日战争和世界反法西斯战争，是正义和邪恶、光明和黑暗、进步和反动的大决战。在那场惨烈的战争中，中国人民抗日战争开始时间最早、持续时间最长。面对侵略者，中华儿女不屈不挠、浴血奋战，彻底打败了日本军国主义侵略者，捍卫了中华民族 5000 多年发展的文明成果，捍卫了人类和平事业，铸就了战争史上的奇观、中华民族的壮举。

——摘自习近平《在纪念中国人民抗日战争暨世界反法西斯战争胜利 70 周年大会上的讲话》

材料 2：近代以来，中国人民为争取民族独立和解放进行的一系列抗争，是中华民族觉醒和民族精神升华的历史进程。这种民族觉醒和民族精神升华，在抗日战争时期达到了全新的高度。面对民族存亡的空前危机，中国人民的爱国热情像火山一样迸发出来。中华儿女众志成城、共御外侮，为民族而战，为祖国而战，为尊严而战，谱写了惊天地、泣鬼神的爱国主义篇章。以爱国主义为核心的民族精神成了中国人民抗日战争胜利的决定因素。

——摘自《中国近现代史纲要》2018 年版

（1）谈谈对中国人民抗日战争胜利原因的理解。

（2）谈谈对近代以来中华民族觉醒进程的理解。

参考答案

一、单项选择题

1.C　2.D　3.B　4.A　5.C　6.B　7.D　8.C　9.A　10.B　11.A　12.C　13.D　14.B　15.C　16.D　17.D　18.B　19.D　20.A

二、多项选择题

1.ABC 2.ACD 3.ABD 4.ABCD 5.AC 6.ABCD 7.ABD 8.ABD 9.ABCD
10.BD 11.ABC 12.ABCD 13.BCD 14.BD 15.ABC 16.AB 17.ABCD 18.BD

三、判断题

1.× 2. √ 3. √ 4.× 5.×

四、材料分析题

（1）第一，以爱国主义为核心的民族精神是中国人民抗日战争胜利的决定因素。面对民族存亡的空前危机，中国人民的爱国热情像火山一样迸发出来。中华儿女众志成城、共御外侮，为民族而战，为祖国而战，为尊严而战，谱写了惊天地、泣鬼神的爱国主义篇章。

第二，中国共产党的中流砥柱作用是中国人民抗日战争胜利的关键。中国共产党倡导和推动国共合作，建立、坚持和发展广泛的抗日民族统一战线。中国共产党坚持全面抗战路线，制定正确的战略策略，开辟广大敌后战场，成为坚持抗战的中坚力量。中国共产党引领着夺取战争胜利的正确方向，成为夺取战争胜利的民族先锋。

第三，全民族抗战是中国人民抗日战争胜利的重要法宝。抗击侵略、救亡图存成为中国各党派、各民族、各阶级、各阶层、各团体以及海外华侨华人的共同意志。中国人民抗日战争的胜利是全民族抗战的胜利。

第四，中国人民抗日战争的胜利，同世界所有爱好和平和正义的国家和人民、国际组织以及各种反法西斯力量的同情和支持也是分不开的。

（2）外国资本－帝国主义的侵略给中华民族带来了巨大的灾难。列强发动的侵华战争以及中国反侵略战争的失败，从反面教育了中国人民，极大地促进了中国人的思考、探索和奋起。民族危机激发了中华民族的觉醒，增强了中华民族的凝聚力。鸦片战争以后，中国还只是少数人有朦胧的民族觉醒意识。中日甲午战争以后，当中华民族面临生死存亡的关头时，中国人才开始有了普遍的民族意识的觉醒。这种民族觉醒和民族精神升华，在抗日战争时期达到了全新的高度。面对民族存亡的空前危机，中国人民的爱国热情像火山一样迸发出来。中华儿女众志成城、共御外侮，为民族而战，为祖国而战。经历抗日战争锤炼的中国人民进一步认识到，只有实现民族独立和人民解放，建立人民当家作主的新中国，才能真正实现民族振兴、人民幸福。中国共产党提出的建设新中国的主张，代表了中国人民的根本利益。中国共产党带领全国人民赢得了新民主主义革命的胜利，创建了中华人民共和国。

第七章　为新中国而奋斗

知识图谱

- 第七章 为新中国而奋斗
  - 从争取和平民主到进行自卫战争
    - 中国共产党争取和平民主的斗争
    - 国民党发动内战和解放区军民的自卫战争
  - 国民党政府处在全民的包围中
    - 全国解放战争的胜利发展
    - 土地改革与农民的广泛发动
    - 第二条战线的形成和发展
  - 中国共产党与民主党派的合作
    - 各民主党派的历史发展
    - 中国共产党与民主党派的团结合作
    - 第三条道路的幻灭
    - 中国共产党领导的多党合作、政治协商格局的形成
  - 创建人民民主专政的新中国
    - 南京国民党政权的覆灭
    - 人民政协与《共同纲领》
    - 中国革命胜利的原因和基本经验

要点解析

抗日战争胜利后，中国广大人民热切希望实现和平、民主，为建设新中国而奋斗。但国民党统治集团撕毁政协协议，悍然发动全国规模的内战。“没有共产党，就没有新中国。”这是中国人民基于自己的切身体验所确认的客观真理。人民民主专政的新中国的创建，标志着近代以来中国面临的争取民族独立、人民解放这个历史任务的基本完成，为中国人民集中力量实现国家的繁荣富强和人民的共同富裕，创造了前提，开辟了道路。正确认识中国共产党领导的多党合作和政治协商格局的形成，深刻理解中国共产党执政地位的确立是历史和人民的选择，也是本章的重点和要点。

1. 抗战胜利后，中国共产党是怎样为争取和平民主而努力的

抗战胜利后，毛泽东根据时局的变化进一步指出，抗战结束，和平建设阶段开始，并

决定接受蒋介石邀请，赴重庆同国民党进行谈判，以争取实现和平建国。1945年8月25日，中共中央在对时局的宣言中明确提出“和平、民主、团结”的口号。10月10日，双方签署《政府与中共代表会谈纪要》，即“双十协定”，确认和平建国的基本方针，同意“长期合作，坚决避免内战”。

1946年1月，政治协商会议在重庆开幕，以周恩来为首的中共代表团与民主同盟等民主党派和无党派人士的代表密切合作，同国民党当局认真协商，推动政协会议达成五项协议。中国共产党是准备严格履行政协协议的。政协会议闭幕后，中共中央发出内部指示：“从此，中国即走上和平民主建设的新阶段。”并且指出：“中国革命的斗争形式，目前已由武装斗争转变到非武装的群众的与议会的斗争，国内问题由政治方式来解决。党的全部工作，必须适应这一新形势。”

中国共产党争取和平民主的努力，尽管最终未能阻止全面内战的爆发，但却使得各界群众加深了对中国共产党的了解和信任。这为中国人民争得了将近一年的和平时期，为扩大和巩固解放区、做好进行自卫战争的准备等，提供了有利的条件。

2. 如何认识抗战胜利之后的三种建国方案

抗日战争胜利后，自1921年至1949年中国存在的三种主要政治力量形成了三足鼎立之势，三种建国方案也交汇于此：一是地主阶级和买办性大资产阶级及其政治代表（先是北洋军阀政府，后是国民党政府），主张实行地主阶级、买办性大资产阶级的军事独裁统治，使中国继续走半殖民地半封建的道路；二是民族资产阶级及其政治代表、民主党派的某些领导人和无党派民主人士，主张建立名副其实的资产阶级共和国，使中国成为一个独立的资本主义国家；三是工人阶级、农民阶级和城市小资产阶级及其政治代表中国共产党，主张进行彻底的反帝反封建新民主主义革命，建立工人阶级领导的人民共和国，逐步到达社会主义和共产主义。三种主要政治力量和三种建国方案的交汇，交织出抗战胜利之初中国错综复杂的政治格局。中国该何去何从，成为有待历史选择的重大时代命题。

3. “第三条道路”的幻想是如何破灭的

抗日战争胜利后，某些民主党派的领导人物曾经鼓吹“中间路线”。他们认为，当时的形势是，国民党不能用武力消灭共产党，共产党也不能用武力推翻国民党，这似乎为实行中间路线提供了千载难逢的机会。中间路线的鼓吹者主张：在政治上，“必须实现英美式的民主政治”，但不准地主官僚资本家操纵；在经济上，“应当实行改良的资本主义”，但不容官僚买办资本横行。而实行的方法，则是走和平的改良道路。他们所提倡的，是资产阶级共和国的方案；他们所主张的，实质上是旧民主主义的道路。

但是，中国在战后面临的是两种命运、两个前途的尖锐斗争。客观形势决定了人们没有走中间路线的余地。持有中间路线想法的人们一接触到实际斗争，尤其是内战重起，就使他们只能在靠近共产党或靠近国民党中选择道路，而不能有其他道路。

首先，中国共产党政策正确是决定性因素。抗日战争胜利后，中国共产党对民主党派有利于反对独裁内战的政治主张给予肯定，支持他们争取和平民主的斗争；尊重和维护民主党派的地位，帮助解决国民党当局给他们制造的实际困难；关心和保护他们的生命安全；对他们中少数人在重大问题上的严重政治错误进行严肃的批评，并作必要的斗争。正是因为中国共产党不仅实现了对农民阶级、城市小资产阶级的领导，而且实现了对民族资产阶级的领导，中国共产党成为众望所归、汇纳百川的领导中国革命事业的核心力量，促使各民主党派接受了中国共产党的领导，走上了新民主主义革命道路。

其次，国民党的政治迫害是客观因素。政治协商会议的召开及政协五项决议的通过，使民主党派一度对国民党政府抱有幻想。国民党统治集团不断用各种暴力或非暴力手段对民主党派及其成员进行政治迫害，甚至公然杀害李公朴、闻一多，使民主人士开始重新考虑斗争的方式与中国前途问题。1947 年 10 月，国民党政府宣布“中国民主同盟分子自首办法”，迫使民盟解散，客观上宣告了民主党派中某些人主张的“第三条道路”的破产，使他们中的绝大多数人认识到中国共产党领导的新民主主义革命的正义性和必要性，从而更加靠近共产党，最终走上了中国共产党领导的新民主主义革命道路。

最后，民主党派的自我觉醒是主观因素。大多数民主党派，在其筹备和建立过程中，就得到过中国共产党的指导和帮助，亲身体验到了中国共产党政治主张的正确性。民盟被迫解散后，民主党派中的左派得到了中国共产党的鼓励和支持，加强了他们在政治上的地位，促使了各民主党派领导人及其成员的觉醒。1948 年 1 月，民盟明确表示今后要与中国共产党“携手合作”；与此同时，中国国民党革命委员会成立，公开表示承认中国共产党的领导地位。此外，中国民主建国会、中国民主促进会、中国农工民主党、九三学社、中国致公党、台湾民主自治同盟都明确表示了参加新民主主义革命的立场。

4. 解放战争中，国民党是如何失掉民心的

第一，国共两党对和平、民主时代潮流的态度，使民心向中国共产党倾斜。中国共产党真心实意追求和平、民主，力求通过和平途径实现中国社会的改革；国民党为了达到消灭中国共产党、维护一党专政的目的，不惜撕毁政治协商会议决议，悍然发动内战，撕碎了抗战胜利后全国人民翘首以待的和平与民主梦想，也将自己推到全国人民的对立面。第二，国民党军政贪污腐化，共产党队伍清正廉洁。抗战胜利后，国民党趁接收之机敲诈勒索、贪赃枉法、中饱私囊，将巨额敌伪资产转归官僚资本集团控制的部门占有，一个强大而垄断的国家资本主义格局全面形成；中国共产党能够发扬艰苦奋斗的精神，努力实践全心全意为人民服务的宗旨。第三，国民党坚持独裁统治，拒绝实施社会改革，对广大人民横征暴敛；中国共产党在解放区广泛实行民主，而且实行了轰轰烈烈的土地改革运动和其他改革。第四，国民党进行的战争得到了美帝国主义的支持，损害了中国的主权与尊严；中国共产党为了维护中华民族的根本利益，敢于坚决反对帝国主义，坚决维护中国的主权与尊严。

5. 中国革命胜利的原因是什么

中国革命的发生不是偶然的，它有着深刻的社会根源和雄厚的群众基础。由于帝国主义、封建主义、官僚资本主义的残酷压迫，中国人民走上了反帝反封建反官僚资本主义斗争的伟大道路。

首先，工人、农民、城市小资产阶级群众是民主革命的主要力量。在他们中间，涌现出了无数无畏的英雄和不屈的战士。随着斗争的发展，民族资产阶级也逐步向共产党靠拢，这种现象曾经被人称作是“开万国未有之奇”。各民主党派和无党派民主人士、各少数民族、爱国的知识分子和华侨等，都在这场斗争中发挥了积极的作用。没有广大人民和各界人士的广泛参加和大力支持，中国革命是不可能胜利的。

其次，中国革命之所以能够走上胜利发展的道路，是由于有了中国工人阶级的先锋队——中国共产党的领导。中国共产党作为工人阶级的政党，不仅代表着中国工人阶级的利益，而且代表着整个中华民族和全中国人民的利益。中国共产党是用马克思主义的科学理论武装起来的，它以中国化的马克思主义即马克思列宁主义基本原理与中国实际相结合的毛泽东思想作为一切工作的指针。因此，中国共产党能够制定出适合中国情况的、符合中国人民利益的纲领、路线、方针和政策，为中国人民的斗争指明正确的方向。中国共产党人在革命过程中始终英勇地站在斗争的最前线。“没有共产党，就没有新中国。”这是中国人民基于自己的切身体验所确认的客观真理。

最后，中国革命之所以能够赢得胜利，同国际无产阶级和人民群众的支持也是分不开的。毛泽东说过，假如没有苏联的存在和人民民主国家的出现，没有其他被压迫民族的斗争和资本主义国家人民的斗争，堆在中国人民头上的国际反动势力不知要大多少倍，在这种情况下，我们是不可能胜利的；胜利了，要巩固，也不可能。为了中国人民的解放事业，一些国际友人还直接参加了中国的革命斗争，有的已经长眠在中国的土地上。

6. 如何理解中国革命胜利的经验

中国人民的反帝反封建反官僚资本主义的革命斗争，是在中国共产党的领导下，在它所提出的新民主主义的理论、纲领、路线和方针政策的指引下，经过长期艰苦、曲折的斗争，逐步取得胜利的。中国共产党在领导人民革命的过程中，积累了丰富的经验，锻造出了有效的克敌制胜的武器。毛泽东指出：“统一战线，武装斗争，党的建设，是中国共产党在中国革命中战胜敌人的三个法宝，三个主要的法宝。”

第一，建立广泛的统一战线。由于中国人民受到帝国主义、封建主义和官僚资本主义的严重压迫，在中国建立革命统一战线的群众基础是十分广泛的。建立广泛的统一战线，是坚持和发展革命的政治基础。统一战线中存在着两个联盟：一个是工人阶级同农民和其他劳动人民的联盟，主要是工农联盟；一个是工人阶级同民族资产阶级和其他可以合作的非劳动人民的联盟，主要是同民族资产阶级的联盟，有时还包括与一部分大资产阶级的暂时的联盟。前者是基本的、主要的；后者是辅助的，同时又是重要的。必须坚决依靠第一个联盟，争取建立和扩大第二个联盟。巩固和扩大统一战线的关键，是坚持工人阶级及其政党的领导权。

第二，坚持革命的武装斗争。由于中国没有资产阶级民主，反动统治阶级凭借武装力量对人民实行独裁恐怖统治，革命只能以长期的武装斗争作为主要形式。离开了武装斗争，就没有共产党的地位，就不能完成任何革命任务。中国的武装斗争实质上是工人阶级领导的农民战争。中国共产党必须深入农村，发动和武装农民，在农村建立革命的根据地，以农村包围城市，才能逐步地争取革命的胜利。为了坚持和发展中国革命，必须建立一支在工人阶级政党绝对领导下的、具有严格纪律的、同人民群众保持亲密联系的新型人民军队。没有一支人民的军队，便没有人民的一切。这支军队必须实行一系列具有中国特点的人民战争的战略战术。

第三，加强共产党自身的建设。中国共产党的建设，是密切地联系着党的政治路线进行的，注重在端正思想路线的基础上，制定和贯彻执行党的正确的政治路线。中国共产党首先着重党的思想建设，要求党员用工人阶级思想克服资产阶级、小资产阶级思想，解决思想上入党的问题；培育和发扬理论与实际相结合、密切联系群众和自我批评的作风；在党内斗争中实行“惩前毖后，治病救人”的方针；创造了在全党通过批评与自我批评进行马克思主义思想教育的整风形式等。

中国共产党正是遵循毛泽东建党学说，在长期的斗争实践中，把自己锻炼成了一个有纪律的、有马克思列宁主义的理论武装的、采取自我批评方法的、联系人民群众的党，成了掌握统一战线和武装斗争这两个武器以对敌冲锋陷阵的英勇战士，成了全国各族人民拥戴的领导核心。

毛泽东在回顾中国共产党走过的历史道路时指出：总结我们的经验，集中到一点，就是工人阶级（经过共产党）领导的以工农联盟为基础的人民民主专政。

学习检测

一、单项选择题

1. 1946 年 10 月 10 日，国共两党签订《政府与中共代表会谈纪要》，确定（　　）。

A. 建立民主联合政府　　B. 和平建国的基本方针
C. 实行宪政、结束训政　　D. 保护人民的民主、自由权利

2. 1947 年 6 月底，根据中共中央的决策和部署，（　　）率领的晋冀鲁豫野战军主力，千里跃进大别山。

A. 陈毅、粟裕　　B. 陈赓、谢富治
C. 刘伯承、邓小平　　D. 谭震林、许世友

3. 1947 年刘邓大军挺进中原的重大意义在于（　　）。

A. 影响战略决战主攻方向　　B. 粉碎蒋介石的重点进攻
C. 改变敌我双方的力量对比　　D. 改变解放战争的战略态势

4. 解放战争时期，国民党统治区人民民主运动高涨的根本原因是（　　）。

A. 中国共产党组织了反蒋统治的第二条战线
B. 上海学生举行了声势浩大的“三反”斗争
C. 国民党蒋介石集团的经济崩溃和政治危机
D. 民主党派的联合斗争和人民起义遍及各地

5. 重庆谈判的焦点问题是（　　）。

A. 人民军队和解放区政权的合法地位问题　　B. 要不要和平建国的问题
C. 实行宪政、结束训政的问题　　D. 人民的民主、自由权利的问题

6. 解放战争时期制定的《中国土地法大纲》规定（　　）。

A. 废除封建性及半封建性剥削的土地制度　　B. 调整减租减息政策
C. 按贫雇农人口分配土地　　D. 没收地主、富农的土地

7. 解放战争期间，台湾人民反抗国民党暴政的重要活动是（　　）。

A. 五二〇运动　　B. 二二八起义　　C. 一二・九运动　　D. 一二・一运动

8. 1949 年蒋介石发表“求和”声明，其真实意图是（　　）。

A. 希望结束内战
B. 希望国共两党关系恢复到政协协议的框架下
C. 与中共和谈，划江而治
D. 争取时间，准备卷土重来

9. 中共七届二中全会需要解决的重要问题是（　　）。

A. 如何夺取全国革命胜利　　B. 如何解决民主革命遗留的任务的问题
C. 党的工作重心转移问题　　D. 民主革命向社会主义革命转变的问题

10. 1947 年 10 月 10 日发布的《中国人民解放军总部宣言》正式提出的行动口号是（　　）。

A. 向北发展、向南防御　　B. 打倒蒋介石、解放全中国

C. 将革命进行到底　　　　　　　　　　D. 打过长江去、解放全中国

11. 为了向全国人民公开阐明中国共产党在建立新中国问题上的主张，1949 年 6 月 30 日，毛泽东发表文章明确指出，人民民主专政需要工人阶级的领导。文章的名称是（　　）。

A.《论人民民主专政》　　　　　　　　B.《向全国进军的命令》

C.《井冈山的斗争》　　　　　　　　　D.《反对本本主义》

12. 1949 年 1 月 22 日，李济深、沈钧儒等民主党派的领导人和著名的无党派民主人士 55 人，自愿接受中国共产党的领导，决心走人民革命的道路，拥护建立人民民主的新中国，联合发表（　　）。

A.《建设民主纲领》　　　　　　　　　B.《抗日救国纲领》

C.《对时局的意见》　　　　　　　　　D.《和平建国意见》

13. 1949 年 4 月 23 日，人民解放军占领（　　），标志着国民党反动统治的覆灭。

A. 南京　　　　B. 上海　　　　C. 北京　　　　D. 重庆

14. 1941 年 3 月，中国民主政团同盟在（　　）成立。

A. 南京　　　　B. 武汉　　　　C. 重庆　　　　D. 成都

15. 在国民党统治区，以学生运动为先导的人民民主运动迅速地发展起来，成为配合人民解放战争的（　　）。

A. 第一条战线　　B. 第二条战线　　C. 第三条战线　　D. 第四条战线

16. 1946 年 5 月 4 日，中国中央发出《关于清算、减租及土地问题的指示》（史称《五四指示》），决定将党在抗日战争时期实行的减租减息政策改变为（　　）。

A. “保存富农经济”的政策　　　　　B. “地主不分田，富农分坏田”的政策

C. “耕者有其田”的政策　　　　　　D. “没收一切土地”的政策

——该题出自“2016 年硕士研究生入学考试政治试题”第 12 题

17. 1947 年 6 月底，根据中共中央的决策和部署，刘伯承、邓小平率领的晋冀鲁豫野战军主力，实施中央突破，千里跃进大别山；陈毅、粟裕指挥的华东野战军主力为东路，挺进苏鲁豫皖地区；陈康、谢富治指挥的晋冀鲁豫野战军一部为西路，挺进豫西，三路大军相互策应，机动歼敌，迫使国民党军处于被动地位。这表明（　　）。

A. 人民解放军在数量上已经超过国民党军队

B. 人民解放战争战略进攻的序幕由此揭开

C. 人民解放军同国民党军队进行战略决战的时机已经成熟

D. 人民解放战争进入战略相持阶段

——该题出自“2017 年硕士研究生入学考试政治试题”第 12 题

18. 中国共产党在领导人民革命的过程中，积累了丰富的经验，塑造出了有效的克敌

制胜的武器，武装斗争就是中国共产党在中国革命中战胜敌人的重要法宝之一，其实质是（　　）。

A. 无产阶级的反帝国主义战争　　B. 资产阶级领导的反封建战争

C. 工农联合的反军阀战争　　D. 工人阶级领导的农民战争

——该题出自“2018 年硕士研究生入学考试政治试题”第 11 题

19. 1945 年 8 月 29 日，重庆《大公报》就毛泽东赴重庆谈判发表了《毛泽东先生来了！》的社评，其中写道：“毛泽东先生来了，中国人听了高兴，世界人听了高兴，无疑问的大家都认为这是中国的一件大喜事。”毛泽东赴重庆谈判的目的是（　　）。

A. 结束国共内战　　B. 商讨联合抗日　　C. 寻求外国援助　　D. 争取和平民主

——该题出自“2019 年硕士研究生入学考试政治试题”第 12 题

二、多项选择题

1. 抗战结束后，蒋介石愿与中国共产党进行和平谈判，其目的是（　　）。

A. 敷衍国内外要求和平的舆论　　B. 诱使中共交出人民军队和解放区政权

C. 为把战争责任转嫁给中共制造借口　　D. 建立联合政府

2. 通过重庆谈判和签订的“双十协定”，中共取得的成果有（　　）。

A. 在全国人民面前表现了和平诚意

B. 迫使国民党承认和平建国的基本方针

C. 实现了中共在国家政治生活中的合法地位

D. 团结了民主力量

3. 1945 年重庆谈判的中共代表有（　　）。

A. 毛泽东　　B. 周恩来　　C. 王若飞　　D. 张闻天

4. 1947 年 3 月，国民党军队重点进攻的解放区是（　　）。

A. 山东　　B. 中原　　C. 晋冀鲁豫　　D. 陕北

5. 从抗战结束到新中国建立前，中国共产党关于土地问题的文件有（　　）。

A.《五四指示》　　B.《兴国土地法》

C.《共同纲领》　　D.《中国土地法大纲》

6. 中国革命取得胜利的法宝是（　　）。

A. 统一战线　　B. 群众路线　　C. 武装斗争　　D. 党的建设

7. 在中共七届二中全会上，毛泽东提出的“两个务必”思想是（　　）。

A. 务必使同志们继续地保持谦虚、谨慎、不骄、不躁的作风

B. 务必使同志们继续地保持艰苦奋斗的作风

C. 务必使同志们继续保持密切联系群众的作风

D. 务必使同志们继续保持团结协作的作风

8. 1949 年 3 月召开的中共七届二中全会的主要内容是（　　）。

A. 规定了全国胜利后应当采取的基本政策

B. 分析了中国由农业国转变为工业国的任务

C. 指明了向社会主义社会转变的发展方向

D. 提出了“两个务必”的要求

9. 1948 年 9 月 12 日至 1949 年 1 月 31 日，中国人民解放军发动的三大战略决战是（　　）。

A. 辽沈战役　　B. 淮海战役　　C. 平津战役　　D. 渡江战役

10. 在 1949 年中华人民共和国中央人民政府成立时，担任副主席职务的民主人士是（　　）。

A. 李济深　　B. 宋庆龄　　C. 刘少奇　　D. 张澜

11. 1949 年 9 月 21 日，中国人民政治协商会议第一届全体会议在北平中南海怀仁堂隆重开幕，参加会议的代表共 662 人，代表主要来自（　　）。

A. 中国共产党　　B. 各民主党派

C. 各人民团体　　D. 无党派民主人士

12. 抗日战争胜利后，第三条道路的主张是（　　）。

A. 在政治上，“必须实现英美式的民主政治”

B. 在经济上，“应当实行改良的资本主义”

C. 在方法上，走和平改良的道路

D. 在思想上，信仰基督教

13. 中国革命胜利的基本经验是（　　）。

A. 建立广泛的统一战线　　B. 坚持革命的武装斗争

C. 加强共产党自身的建设　　D. 支持世界人民的革命斗争

14. 统一战线中存在着两个联盟：即（　　）。

A. 工农联盟

B. 中国人同外国人的联盟

C. 工人阶级同民族资产阶级和其他可以合作的与非劳动人民的联盟

D. 世界爱好和平人民的联盟

15. 1949 年 3 月召开的中共七届二中全会，规定了全国胜利后党在政治、经济、外交方面应当采取的基本政策，指出了“两个转变”的发展方向，即（　　）。

A. 中国由农业国转变为工业国

B. 中国人民由农民转变为工人

C. 中国由新民主主义社会转变为社会主义社会

D. 中国由农村转变为城市

16. 1949 年 10 月 1 日，首都军民 30 万人齐集北京天安门广场，欢庆中华人民共和国的诞生。中华人民共和国的成立，标志着（　　）。

A. 新民主主义革命取得了基本的胜利　　B. 半殖民地半封建社会的结束

C. 中国共产党的地位发生了根本性的变化　　D. 社会主义基本制度的确立

——该题出自“2019 年硕士研究生入学考试政治试题”第 28 题

三、判断题

1. “二战”后，中国在命运与前途的选择上有第三条道路可走，即建立资产阶级共和国。

2. 1948 年后，根据中共中央的决策和部署发动三大战役，人民解放战争战略进攻的序幕由此拉开。

3. 1946 年 5 月 4 日，中共中央发出《五四指示》，决定将党在抗日战争时期实行的减租减息政策改变为实现“耕者有其田”的政策。

4. 人民民主专政的新中国的创建，标志着近代以来中国面临的争取民族独立、人民解放的历史任务基本完成。

5. 中国各民主党派形成时的社会基础主要是大资产阶级、民族资产阶级以及同这些阶级相联系的知识分子。

四、材料分析题

结合材料回答问题

材料 1：1944 年正值李自成领导的农民起义军进入北京推翻明王朝 300 周年。郭沫若毅然放下正在进行的先秦思想史研究，撰写《甲申三百年祭》。在这篇文章中，郭沫若深刻总结了李自成农民起义成功建立起大顺朝但旋即失败的历史教训。从 3 月 19 日起，这篇长文在重庆《新华日报》全文连载。文章发表后，引起社会各界的广泛关注。仅隔 20 天，毛泽东就在《学习和时局》的报告中指出：“我党历史上曾经有过几次表现了大的骄傲，都是吃了亏的……近日我们印了郭沫若论李自成的文章，也是叫同志们引以鉴戒，不要重犯胜利时骄傲的错误。”11 月 21 日，毛泽东复信郭沫若：“你的《甲申三百年祭》，我们把它当作整风文件看待。小胜即骄傲，大胜更骄傲，一次又一次吃亏，如何避免此种毛病，实在值得注意。”

——摘编自《〈甲申三百年祭〉风雨六十年》人民出版社 2005 年版

材料 2：1949 年 3 月 23 日，毛泽东率中共中央机关离开西柏坡前往北平（北京）。临行前，他对周围的人说：“同志们，我们就要进北平了。我们进北平，可不是李自成进北平，他们进了北平就变了。我们共产党人进北平，是要继续革命，建设社会主义，直到实现共产主义。”他兴奋地对周恩来说：“今天是进京‘赶考’嘛。”周恩来说：“我们应当都能考试及格，不要退回来。”毛泽东说：“退回来就失败了，我们决不当李自成，我们都希望考个好成绩。”

——摘编自金冲及主编《毛泽东传 1893—1949》中央文献出版社 1993 年版

材料 3：2013 年 7 月 11 日至 12 日，习近平总书记来到革命圣地西柏坡，在同县乡村干部和群众座谈时指出：当年党中央离开西柏坡时，毛泽东同志说是“进京赶考”，“六十多年过去了，我们取得了巨大进步，中国人民站起来了，富起来了，但我们面临的挑战和问题依然严峻复杂，应该说，党面临的‘赶考’远未结束。我们党要带领人民实现全面建设小康社会的奋斗目标，不断坚持和发展中国特色社会主义，就是这场考试的继续。所有领导干部和全体党员要继续把人民对我们党的‘考试’，把我们党正在经受和将要经受各种考验的‘考试’考好，努力交出优异的答卷。”

——摘编自《习近平关于实现中华民族伟大复兴的中国梦论述摘编》中央文献出版社 2013 年版

（1）1949 年春，为什么毛泽东把离开西柏坡前往北平比作“赶考”？

（2）如何理解习近平所说的“党面临的‘赶考’远未结束”？

——该题出自“2016 年硕士研究生入学考试政治试题”第 36 题

参考答案

一、单项选择题

1.B　2.C　3.D　4.C　5.A　6.A　7.B　8.D　9.C　10.B　11.A　12.C　13.A　14.C　15.B　16.C　17.B　18.D　19.D

二、多项选择题

1.ABC　2.ABD　3.ABC　4.AD　5.AD　6.ACD　7.AB　8.ABCD　9.ABC　10.ABD　11.ABCD　12.ABC　13.ABC　14.AC　15.AC　16.ABC

三、判断题

1.×　2.×　3. √　4. √　5.×

四、材料分析题

（1）“赶考”意味着中国共产党面临“执政”和“建设”的重大任务。民主革命的遗留任务尚未完成。比如，土地改革在新解放区还没有推行；官僚资本主义还存在；全国性的各级人民政权还没有建立等。中国共产党将成为全国性执政党，面临执政的重大任务，如何执政对于中国共产党是一个重大的考验。全国性政权建立后，中国共产党将面临现代化建设的任务。

（2）这说明我们党在执政 60 多年、现代化建设取得一定成绩的情况下，面临新的世情、党情和国情，迫切要求执政的中国共产党提高自身的执政能力和执政水平。中国共产党将继续发扬西柏坡精神，始终坚持和弘扬“两个务必”，即务必保持谦虚谨慎、不骄不躁的作风，务必保持艰苦奋斗的作风。在新的历史条件下，中国共产党必须在“四个全面”战略布局指导下，坚持思想建党与制度治党相结合，加强组织、纪律和作风建设，全面从严治党。

第八章　社会主义基本制度在中国的确立

知识图谱

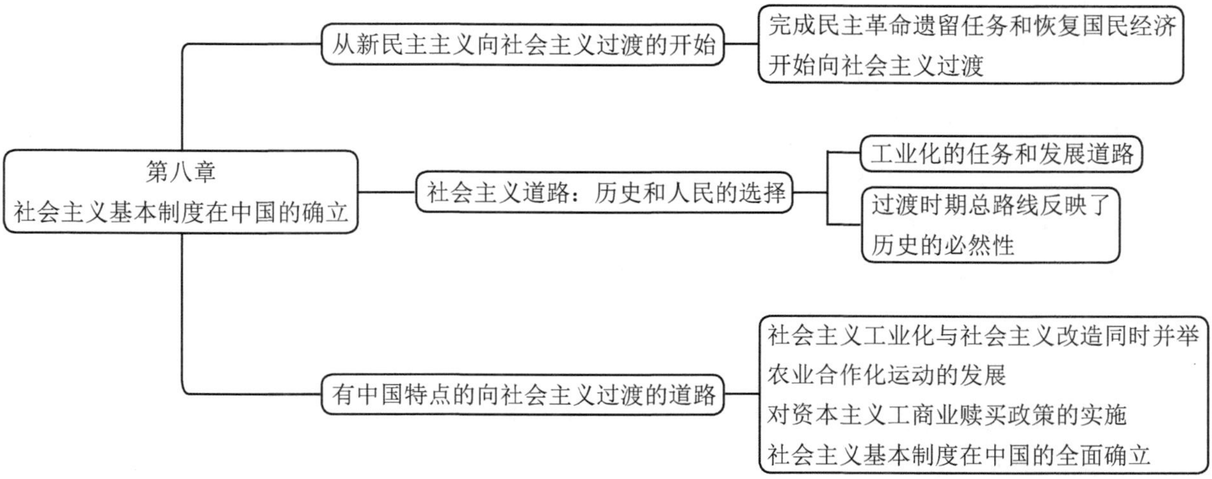

要点解析

中华人民共和国的成立，标志着中国的新民主主义革命取得了基本的胜利，也为中国的进步和发展创造了最重要的政治前提。新民主主义社会本身具有过渡性。在过渡时期总路线的指引下，中国共产党领导人民开始进行有计划的社会主义建设和有系统的社会主义改造。在推进社会主义改造的同时，人民民主政治建设也在有步骤地向前推进。全面理解中国共产党领导各族人民进行社会主义改造的伟大实践，认识和了解社会主义改造的伟大功绩及其经验教训，是本章的重点和要点。

1. 为什么说中华人民共和国的成立标志着中华民族迈入了发展进步的历史新纪元

中华人民共和国的成立，实现了中国从几千年封建专制政治向人民民主的伟大飞跃，宣告中国人民当家作主的时代已经到来。

第一，帝国主义列强压迫中国、奴役中国人民的历史从此结束，中华民族一洗一百多年来蒙受的屈辱，开始以崭新的姿态自立于世界民族之林。占人类总数 1/4 的中国人从此站起来了。

第二，本国封建主义、官僚资本主义统治的历史从此结束，长期以来受尽压迫和欺凌的广大中国人民在政治上翻了身，第一次成为新社会、新国家的主人。一个真正属于人民的共和国建立起来了。

第三，军阀割据、战乱频仍、匪患不断的历史从此结束，国家基本统一，民族团结，社会政治局面趋向稳定，各族人民开始过上安居乐业的生活。人民可以集中力量从事经济、政治、文化、社会等方面建设的时期开始到来了。

第四，中华人民共和国的成立为实现由新民主主义向社会主义的过渡，并在社会主义道路上实现中华民族的伟大复兴，创造了政治前提。

第五，中国共产党成为全国范围内的执政党。它可以运用国家政权凝聚和调集全国力量，巩固民族独立和人民解放的成果，解放并发展社会生产力，以造福于各族人民，造福于整个中华民族。

总之，中华人民共和国的成立，标志着中国的新民主主义革命取得了基本的胜利，标志着半殖民地半封建社会的结束和新民主主义社会在全国范围内的建立。这是马克思主义同中国实际相结合的伟大胜利。近代以来中国面临的第一项历史任务，即求得民族独立和人民解放的任务基本上完成了。这就为实现第二项历史任务，即实现国家的繁荣富强和人民的共同富裕，创造了前提，开辟了道路。

2. 如何理解新中国成立初期中国社会经济中存在的五种成分

赢得全国胜利并解决了土地问题以后，中国社会经济中存在着五种成分，即：社会主义性质的国营经济，半社会主义性质的合作社经济，农民和手工业者的个体经济，私人资本主义经济和国家资本主义经济。其中，半社会主义性质的合作社经济是个体经济向社会主义集体经济过渡的形式，国家资本主义经济是私人资本主义经济向国营经济过渡的形式，所以，主要的经济成分是三种，即社会主义经济、个体经济和私人资本主义经济。其中的个体经济是处于十字路口的经济，它既可以被引导着走向社会主义，也可以自发地走向资本主义。

3. 新中国成立初期中国共产党面临的严峻考验是什么，主要做了哪些工作

新中国在成立初期，中国共产党面临着新的严峻考验。一是能不能保卫住人民胜利的成果，巩固新生的人民政权；二是能不能战胜严重的经济困难，迅速恢复和发展国民经济；三是能不能巩固民族独立，维护国家主权和安全；四是能不能经受住执政的考验，继续保持谦虚、谨慎、不骄、不躁的作风和艰苦奋斗的作风。

为解决这些问题，中国共产党着重抓了四个方面的工作：第一，完成民主革命的遗留任务。追剿残余敌人，完成祖国大陆统一任务；摧毁旧政权，建立新生的地方各级人民政权；继续实行土地制度改革，农民群众翻身获解放；废除封建婚姻制度，树立健康文明社会新风尚；开展镇压反革命运动，肃清国民党残余势力。第二，领导国民经济恢复工作。没收官僚资本，确立起社会主义性质的国营经济在国民经济中的领导地位；开展稳定物价的斗争和统一全国财政经济的工作。到 1952 年底，国民经济得到全面恢复和初步发展。第三，巩固民族独立，维护国家主权和安全。废除帝国主义国家依据不平等条约在中国享有的一切特权，打破外交封锁。取得抗美援朝战争胜利，赢得相对稳定的和平发展环境。第四，加强中国共产党的自身建设。开展全党范围内的整风、整党运动和“三反”“五反”运动，促进中国共产党和人民政府的廉政建设。

4. 如何理解没收官僚资本的性质

解放战争时期，随着对大中城市的接管，没收官僚资本的工作即已开始。新中国成立后，这项工作在全国范围内展开。没收官僚资本归人民的国家所有，是《共同纲领》规定的一项历史任务。

没收官僚资本，具有两重性质：从反对外国帝国主义的附庸——中国的买办资产阶级的意义上看，它具有民主革命的性质；从反对中国的大资产阶级的意义上看，它又具有社会主义革命的性质。通过没收官僚资本，并在企业内部进行民主改革和生产改革，中国资本主义经济的主体部分被改造为社会主义性质的国营经济，中国的大资产阶级被消灭了。随着没收官僚资本和原官僚资本企业的民主改革、生产改革工作的完成，确立了社会主义性质的国营经济在国民经济中的领导地位，为全面进行社会主义改造奠定了重要的物质基础。

5. 如何理解过渡时期总路线

过渡时期总路线反映了历史必然性。1953 年，中共中央正式提出党在过渡时期的总路线。其内容可以概括为“一化三改”：一是逐步实现社会主义工业化，二是逐步实现对农业、手工业和资本主义工商业的社会主义改造。这条总路线体现了发展生产力和变革生产关系、解放生产力的有机统一，是一条社会主义建设和社会主义改造同时并举的路线。

过渡时期总路线提出和实施的客观依据。1952 年毛泽东提出提前开始过渡有客观依据：第一，实现从新民主主义向社会主义的转变是共产党的既定目标，也符合新民主主义的一贯思想；第二，随着民主革命遗留任务的彻底完成，国内的阶级关系和主要矛盾发生了深刻的变化；第三，随着国民经济的恢复和初步发展，中国社会的经济成分（即生产关系）发生了重要变化。

6. 如何理解有中国特点的社会主义改造

社会主义工业化与社会主义改造同时并举。社会主义改造是围绕社会主义工业化的任务进行的。在提出有系统地进行社会主义改造的 1953 年，新中国即开始进行有计划的社会主义建设。“一五”期间，中国着重建设了一大批基础性的重点工程，为国家的工业化奠定了初步的坚实基础。

实行社会主义改造的国内外条件。当时中国开展社会主义改造的客观条件主要是：第一，社会主义性质的国营经济力量相对来说比较强大，它是实现国家工业化的主要基础；第二，资本主义经济力量弱小，发展困难，不可能成为中国工业起飞的基础；第三，对个体农业进行社会主义改造，是保证工业发展、实现国家工业化的一个必要条件；第四，当时的国际环境促使中国选择社会主义改造。

社会主义改造的主要内容具体包括以下两个方面。

第一，对个体农业和手工业的社会主义改造。对个体农业改造的方向：把个体农民的生产资料私有制改造成为社会主义的集体所有制；改造的途径：合作化；改造的方针：积极引导，稳步前进；改造的原则：自愿互利、典型示范、国家帮助；改造的步骤和形式：从互助组到初级社，再到高级社的逐步过渡。到 1956 年底，全国入社农户占全国总农户的 96.3%，农业合作化在全国范围内已基本实现。对个体手工业的改造途径和方法与对农业的改造相似，1956 年对手工业的社会主义改造基本完成。

第二，对资本主义工商业的社会主义改造。改造的方向：把资本主义的私人所有制改造成为社会主义的全民所有制；改造的途径：和平赎买；改造的步骤和形式：从初级国家资本主义形式过渡到全行业公私合营。对资本主义工商业赎买政策的实施是马克思、恩格斯的设想在中国的成功实现。到 1956 年底，全国私营工业户数的 99% 和私营商业户数的 82% 实现了公私合营，对资本主义工商业的社会主义改造基本完成。

社会主义改造的伟大意义。社会主义改造是中国历史上最伟大、最深刻的社会变革，其意义在于：第一，社会主义改造的完成，使中国实现了生产关系方面由私有制到公有制的伟大变革，它对生产力的发展直接起到了促进作用；第二，社会主义改造的胜利，为中国全面进行社会主义建设奠定了基础，开辟了道路；第三，社会主义改造的胜利，使我国的阶级关系发生了根本的变化。社会主义改造的胜利是国际共产主义运动的伟大创举，是对马克思主义理论的丰富、发展和创新。

7. 引导农民走向社会主义的过渡性经济组织形式有哪些

农业合作化的基本方针。1953 年 12 月，中共中央通过《关于发展农业生产合作社的决议》，总结互助合作运动的经验，概括提出引导农民走向社会主义的几种过渡性经济组织形式。第一是互助组，这具有社会主义的萌芽；第二是初级农业生产合作社，在土地及牲畜、大农具私有的基础上土地入股、统一经营，有较多的公共财产，实行土地分红和按劳分配相结合的原则。这具有半社会主义的性质；第三是高级农业生产合作社，将土地及其他主要生产资料归集体所有，统一经营、集体劳动，实行各尽所能、按劳分配的原则。这具有社会主义的性质。采取这种逐步过渡的办法，是中国农业合作化运动中的一项重要的创造。

8. 如何理解新中国成立初期对资本主义工商业的社会主义改造

中国资产阶级有两个部分，即官僚资产阶级和民族资产阶级。中国共产党和人民政府对他们采取了不同的政策。对官僚资产阶级即中国的大资产阶级，是把他们作为敌人，在政治上推翻他们的统治，在经济上没收他们的资本。民族资产阶级在社会主义革命时期仍然具有两面性。他们既有剥削工人取得利润的一面，又有拥护宪法、愿意接受社会主义改造的一面。对民族资产阶级，是把他们作为朋友，在团结他们的同时，用和平的方法逐步地改造他们。

对资本主义工商企业进行社会主义改造，就是要把民族资本主义工商业改造成为社会主义性质的企业，并对民族资产阶级实行赎买政策。采取这样的政策，既可以在一定时期的利用资本主义工商业的积极作用（如增加产品供应、扩大商品流通、维持工人就业、为国家提供税收等），又有利于争取民族资产阶级及其知识分子，并减少他们接受社会主义改造的阻力。

9. 如何理解农业合作化运动的基本原则和方针

第一，在中国的条件下，可以走先合作化、后机械化的道路。在土地改革基本完成后，及时将“组织起来”作为农村工作的一件大事来抓。

第二，充分利用和发挥土改后农民的两种生产积极性，通过互助组、初级农业生产合作社、高级农业生产合作社这种由低到高的互助合作的组织形式，实行积极发展、稳步前进、逐步过渡的方针。

第三，农业互助合作的发展，要坚持自愿和互利的原则，采取典型示范、逐步推广的方法，发展一批，巩固一批。

第四，要始终把是否增产作为衡量合作社是否办好的标准。

第五，要把社会改造同技术改造相结合。在实现农业合作化以后，国家应努力用先进的技术和装备发展农业经济。

农业合作化的发展和基本完成。在党的上述方针的指引下，农村的互助合作积极、稳步地向前推进。

10. 如何理解国家资本主义

国家资本主义是改造资本主义工商业和逐步完成社会主义过渡的必经之路。

国家资本主义经济是在人民政府管理之下的，用各种形式和国营社会主义经济联系着的，并受工人监督的资本主义经济。它有初级形式和高级形式的区别。初级形式的国家资本主义企业仍由资本家经营，它同国营社会主义经济通过订立合同等办法，在企业外部建立这样那样的联系。其形式，在工业中有收购、加工、订货、统购、包销；在商业中有经销、代销、代购代销、公私联营等。高级形式的国家资本主义就是公私合营。实行公私合营以后，原来的资本主义企业同社会主义经济的联系已经不仅限于流通领域，而是深入到了企业内部，深入到了生产领域。社会主义经济在企业中已经具有决定意义了。

11. 如何理解在改造资本主义工商业过程中实行的和平赎买政策

中共中央在《关于资本主义工商业改造问题的决议》中指出："我们对于资产阶级，第一是用赎买和国家资本主义的方法，有偿地而不是无偿地，逐步地而不是突然地改变资产阶级的所有制；第二是在改造他们的同时，给予他们必要的工作安排；第三是不剥夺资产阶级的选举权，并且对于他们中间积极拥护社会主义改造而在这个改造事业中有所贡献的代表人物给以恰当的政治安排。在资产阶级没有别的出路的条件下，这是他们能够接受的方案。"

对资产阶级实行赎买，这是马克思、恩格斯提出的设想。中国共产党把这种设想付诸实施并取得成功，资产阶级中的绝大多数人公开表示接受这样的方案。

12. 如何认识中华人民共和国的国体和政体

1954 年 9 月，中华人民共和国第一届全国人民代表大会第一次会议在北京召开。大会讨论并通过了《中华人民共和国宪法》。

宪法规定："中华人民共和国是工人阶级领导的、以工农联盟为基础的人民民主国家。"

这一规定指出了新中国国家的根本性质。这表明，我们国家实行的是工人阶级领导的、以工农联盟为基础的人民民主制度，即具有中国特点的社会主义性质的民主制度。这种人民民主制度需要有一个不断完善和发展的过程，但它同资本主义国家的民主制度在性质上是完全不同的。在资本主义国家里，无论怎样标榜"民主"，终究只是为维护占人口极少数的资产阶级的统治地位和垄断利益服务的。只有在崭新的人民民主制度下，人民才当家作主，真正成为国家的主人。

宪法规定："中华人民共和国的一切权力属于人民。人民行使权力的机关是全国人民代表大会和地方各级人民代表大会。"

采用民主集中制的人民代表大会的政治制度，是同新中国的根本性质相联系的。人民代表大会制度之所以能够成为适合中国国情的政治制度，就是因为它能够便利人民行使自己的权力，能够便利人民群众经常通过这样的政治组织参与国家的管理，从而得以充分发挥人民群众的积极性和创造性。中国人民就是要用这样的政治制度来保证国家沿着社会主义的道路前进。

13. 如何理解新民主主义社会是一个过渡性质的社会

新中国成立之后，我国并没有直接进入社会主义社会，而是建立了新民主主义社会。这是新民主主义革命的必然结果，也是由中国生产力十分落后的国情决定的。新民主主义社会具有双重性特征，是一个社会主义因素和资本主义因素并存的社会，表现在政治、经济、文化诸方面。新民主主义社会不是一个凝固不变的、独立的社会形态，具有过渡性，处在深刻的变动之中。

中国的新民主主义社会经历了两个发展阶段。新中国成立以前，新民主主义社会是在局部地区建立起来的，这就是当时的各个解放区。在这里，半殖民地半封建的社会制度被废除，但民主革命的任务尚未完成，这时的新民主主义社会还不具备向社会主义过渡的条件。1949 年中华人民共和国的成立，标志着新民主主义革命阶段的基本结束和社会主义革命阶段的开始，即进入由新民主主义到社会主义的过渡时期。这时的新民主主义社会，就已经是一个属于社会主义体系的和逐步过渡到社会主义社会去的过渡性质的社会了。

14. 社会主义基本制度在中国的全面确立体现在哪些方面

社会主义基本制度在中国的全面确立体现在以下两个方面。

第一，社会主义基本政治制度的确立。包括人民代表大会制度、中国共产党领导的多党合作和政治协商制度、民族区域自治制度。1954 年 9 月，第一届全国人民代表大会通过了《中华人民共和国宪法》。人民代表大会制度这一根本政治制度自此建立，这是新中国人民民主政治建设发展历程中具有标志性的事件。1954 年 12 月，中国人民政治协商会议第二届全国委员会一次会议通过了《中国人民政治协商会议章程》，中国共产党领导的多党合作和政治协商制度是具有中国特色的新型政党制度。1952 年 8 月，《中华人民共和国民族区域自治实施纲要》公布施行，1954 年通过的《中华人民共和国宪法》明确了民族区域自治制度。

第二，社会主义基本经济制度的确立。社会主义改造的胜利，使农业和手工业由个体所有制变为社会主义集体所有制，私营工商业由资本主义所有制变为社会主义所有制，以公有制占主体地位的社会主义基本经济制度自此建立起来，这是中国进入社会主义社会的最主要标志。

总之，社会主义基本制度的确立为当代中国的一切发展奠定了根本政治前提和制度基础。社会主义基本政治制度的确立为中国发展进步奠定了政治基础，社会主义基本经济制度的建立为中国实现社会主义现代化创造了制度条件。历史发展证明，社会主义基本制度符合中国的实际情况和广大人民的切身利益，新时代必须坚持完善和发展中国特色社会主义制度。

学习检测

一、单项选择题

1. 1949 年 6 月，毛泽东发表的系统论述中国共产党建国主张的著作是（　　）。

A.《新民主主义论》　　B.《目前形势和我们的任务》

C.《论联合政府》　　D.《论人民民主专政》

2. 毛泽东在《论人民民主专政》一文中指出，人民民主专政的主要基础是（　　）。

A. 工人阶级和民族资产阶级的联盟　　B. 农民阶级和民族资产阶级的联盟

C. 工人阶级和农民阶级的联盟　　D. 工人阶级和城市小资产阶级的联盟

3. 中国进入新民主主义社会后，在经济上处于领导地位的是（　　）。

A. 私人资本主义经济　　B. 国营经济

C. 国家资本主义经济　　D. 合作社经济

4. 中国共产党制定的过渡时期总路线的主体是（　　）。

A. 实现国家对个体农业的社会主义改造

B. 实现国家对资本主义工商业的社会主义改造

C. 实现国家对个体手工业的社会主义改造

D. 实现国家的社会主义工业化

5. 新中国发展国民经济第一个五年计划的中心环节是（　　）。

A. 优先发展重工业　　B. 优先发展沿海工业

C. 优先发展轻工业　　D. 优先发展内地工业

6. 中共中央正式提出党在过渡时期总路线的时间是（　　）。

A.1949 年　　B.1950 年　　C.1953 年　　D.1956 年

7. 我国对资本主义工商业进行社会主义改造的政策是（　　）。

A. 无偿没收　　B. 有偿征用　　C. 和平赎买　　D. 限制发展

8. 1955 年，毛泽东总结农业合作化运动基本经验的报告是（　　）。

A.《关于农业生产互助合作的决议（草案）》

B.《关于发展农业生产合作社的决议》

C.《关于农业合作化问题》

D.《关于人民公社若干问题的决议》

9. 新中国成立初期，社会主义国营经济建立的主要途径是（　　）。

A. 没收官僚资本　　B. 征用外国资本

C. 赎买民族资本　　D. 合并公营资本

10. 中国进入社会主义社会的主要标志是（ ）。

A. 中华人民共和国的成立　　B. 过渡时期总路线的提出

C. 第一届全国人民代表大会的召开　　D. 社会主义三大改造的完成

11. 我国对资本主义工商业进行社会主义改造所实行的高级形式的国家资本主义是（ ）。

A. 加工订货　　B. 统购统销　　C. 经销代销　　D. 公私合营

12. 我国进入社会主义社会的最主要标志是（ ）。

A. 中华人民共和国的成立　　B. 发展国民经济第一个五年计划的制定

C. 第一届全国人民代表大会的召开　　D. 社会主义改造的基本完成

13. 1951 年底至 1952 年春，中国共产党在党政机关中开展的“三反”运动是（ ）。

A. 反贪污、反浪费、反官僚主义　　B. 反主观主义、反宗派主义、反党八股

C. 反贪污、反受贿、反自由主义　　D. 反浪费、反行贿、反形式主义

14. 在农业合作化过程中，具有半社会主义性质的农业合作组织是（ ）。

A. 互助组　　B. 初级农业生产合作社

C. 高级农业生产合作社　　D. 人民公社

15. 1952 年春，中国共产党在党政机构工作人员中开展了（ ）。

A. 肃反运动　　B. 整风、整党运动

C.“三反”运动　　D.“五反”运动

16. 新中国的工业化是在苏联的影响下起步的。走中国工业化道路，是中国共产党初步探索我国社会主义建设道路的一个重要思想。当时所讲的工业化道路问题，主要是指（ ）。

A. 中央和地方的关系问题　　B. 经济建设和国防建设的关系问题

C. 重工业、轻工业和农业的发展关系问题　　D. 沿海工业和内地工业的关系问题

——该题出自“2015 年硕士研究生入学考试政治试题”第 5 题

17. 从中华人民共和国成立到社会主义改造基本完成，是我国从新民主主义到社会主义的过渡时期，这一时期，个体经济向社会主义集体经济过渡的形式是（ ）。

A. 国营经济　　B. 私人资本主义经济

C. 合作社经济　　D. 国家资本主义经济

——该题出自“2017 年硕士研究生入学考试政治试题”第 5 题

二、多项选择题

1. 从新民主主义向社会主义过渡时期，中国社会存在的经济成分有（ ）。

A. 国营经济和合作社经济　　B. 个体经济

C. 私人资本主义经济　　D. 国家资本主义经济

2. 在发展国民经济第一个五年计划期间，新中国创建的企业有（　　）。

A. 长春第一汽车制造厂　　B. 沈阳机床厂

C. 北京电子管厂　　D. 沈阳飞机制造厂

3. 中国共产党在新中国成立前夕提出的外交方针是（　　）。

A. “另起炉灶”　　B. “打扫干净屋子再请客”

C. 和平共处　　D. “一边倒”

4. 对资本主义工商业进行社会主义改造的国家资本主义的初级形式有（　　）。

A. 个别企业公私合营　　B. 加工订货

C. 统购包销　　D. 公私联营

5. 我国对个体农业实行社会主义改造的过渡性经济形式包括（　　）。

A. 互助组　　B. 初级农业生产合作社

C. 高级农业生产合作社　　D. 人民公社

6. 1951 年到 1952 年，中国共产党在党政机构工作人员中开展了（　　）。

A. 肃反运动　　B. 整风、整党运动

C. “三反”运动　　D. “五反”运动

7. 1951 年底到 1952 年春，中国共产党开展的“三反”运动包括（　　）。

A. 反贪污　　B. 反浪费　　C. 反官僚主义　　D. 反行贿

8. 我国农业社会主义改造中，引导农民走向社会主义的几种过渡性经济组织形式是（　　）。

A. 互助组　　B. 变工队

C. 初级农业生产合作社　　D. 高级农业生产合作社

9. 1953 年正式提出党在过渡时期的总路线包括（　　）。

A. 社会主义工业化　　B. 对农业的社会主义改造

C. 对手工业的社会主义改造　　D. 对资本主义工商业的社会主义改造

10. 在对资本主义工商业赎买政策的实施过程中，高级形式的国家资本主义采取的“四马分肥”办法将企业利润分为（　　）。

A. 国家所得税　　B. 企业公积金　　C. 工人福利费　　D. 股金红利

11. 中国人民政治协商会议是（　　）。

A. 中国人民爱国统一战线组织

B. 中国共产党领导的多党合作和政治协商的重要机构

C. 我国政治生活中发扬社会主义民主的重要形式

D. 代表人民行使人民当家做主的权力的职权机构

12. 新中国成立初期，中国共产党和人民政府亟待完成的民主革命的遗留任务有（　　）。

A. 土地改革　　B. 镇压反革命运动

C. 没收官僚资本　　D. 追剿国民党残余势力

13. 过渡时期总路线提出的社会背景包括（　　）。

A. 民主革命遗留任务彻底完成

B. 国内阶级关系和主要矛盾发生了深刻变化

C. 国民经济得到恢复和初步发展

D. 国营经济的领导地位得到加强

14. 当时中国可以进行社会主义改造的主要原因有（　　）。

A. 社会主义性质的国营经济力量相对来说比较强大，它是实现国家工业化的主要基础

B. 资本主义经济力量弱小，发展困难，不可能成为中国工业起飞的基础

C. 对个体农业进行社会主义改造，是保证工业发展、实现国家工业化的一个必要条件

D. 当时的国际环境也促使中国选择社会主义

15. 社会主义改造过程中存在的问题有（　　）。

A. 对于一部分原工商业者的使用和处理不恰当

B. 对公有制实现形式的认识上和对计划经济的理解上有局限性

C. 对原工商业者进行了赎买政策

D. 农业改造的形式过于简单划一

16. 从 1953 年开始，在过渡时期总路线的指引下，中国共产党领导人民开始进行有计划的社会主义建设和有系统的社会主义改造。当时中国之所以要着力进行和可能进行社会主义改造，主要是因为（　　）。

A．资本主义国家的封锁和遏制，社会主义国家的同情和援助

B．资本主义经济力量弱小，发展困难

C．对个体农业进行社会主义改造，是实现国家工业化的一个必要条件

D．社会主义性质的国家经济力量相对来说比较强大

——该题出自“2018 年硕士研究生入学考试政治试题”第 29 题

三、判断题

1. 1949 年新中国成立，标志着半封建半殖民地社会的结束和社会主义社会的到来。

2. 新中国成立初期，在经济上处于领导地位的是私人资本主义经济。

3. 中共中央在 1952 年正式提出了党在过渡时期的总路线。

4. 农业互助合作的发展，要坚持自愿和互利的原则，采用典型示范、逐步推广的方法。

5. 社会主义改造的基本完成，社会主义基本政治制度的建立，是中国进入社会主义社会的最主要标志。

四、材料分析题

结合材料回答问题

材料 1：“这个中国革命的第一阶段（其中又分为许多小阶段），其社会性质是新式的资产阶级的民主主义革命，还不是无产阶级社会主义革命，……这个革命的第一步、第一阶段，绝不是也不能建立中国资产阶级专政的资本主义的社会，而是要建立以中国无产阶级为首领的中国各个革命阶级联合专政的新民主主义社会，以完结其第一阶段。然后，再使之发展到第二阶段，以建立中国社会主义的社会。”

——摘自毛泽东《新民主主义论》

材料 2：“‘确立新民主主义社会秩序’，这种提法是有害的。过渡时期每天都在变动，每天都在发生社会主义因素。所谓‘新民主主义社会秩序’，怎样‘确立’？要‘确立’是很难的哩！……我们现在的革命斗争，甚至比过去的武装革命斗争还要深刻。这是要指导资本主义制度和一切剥削制度彻底埋葬的一场革命。‘确立新民主主义社会秩序’的想法，是不符合实际斗争情况的，是妨碍社会主义事业发展的。”

——毛泽东在 1953 年 6 月 15 日中共中央政治局会议上的讲话

（1）新民主主义社会是一种怎样的社会？其与社会主义社会是一种怎样的关系？

（2）毛泽东为什么认为“确立新民主主义社会秩序”这种提法是有害的、是妨碍社会主义事业发展的？

参考答案

一、单项选择题

1.D 2.C 3.B 4.D 5.A 6.C 7.C 8.C 9.A 10.D 11.D 12.D 13.A 14.B 15.D 16.C 17.C

二、多项选择题

1.ABCD 2.ABCD 3.ABD 4.BCD 5.ABC 6.CD 7.ABC 8.ACD 9.ABCD 10.ABCD 11.ABC 12.ABD 13.ABCD 14.ABCD 15.ABD 16.BCD

三、判断题

1.× 2.× 3.× 4. √ 5. √

四、材料分析题

（1）从 1949 年 10 月 1 日中华人民共和国成立至 1956 年社会主义改造完成、社会主义制度基本确立，这一时期属于新民主主义社会。新民主主义社会是一种过渡性的社会形态，它是中国社会由半殖民地半封建社会通向社会主义社会的过渡阶段。新民主主义社会是社会主义社会的必要准备，社会主义社会是新民主主义社会发展的必然趋势。

（2）因为新民主主义社会是一种过渡性的社会形态，它的政治经济、形态都不是固定不变的，而是始终处于不断发展变化的状态中，其社会主义的成分在不断增长，而民主主义的成分则在不断减少，最终将完全过渡到社会主义。因此，毛泽东认为“确立新民主主义社会秩序”这种提法是有害的、是妨碍社会主义事业发展的。

第九章　社会主义建设在探索中曲折发展

知识图谱

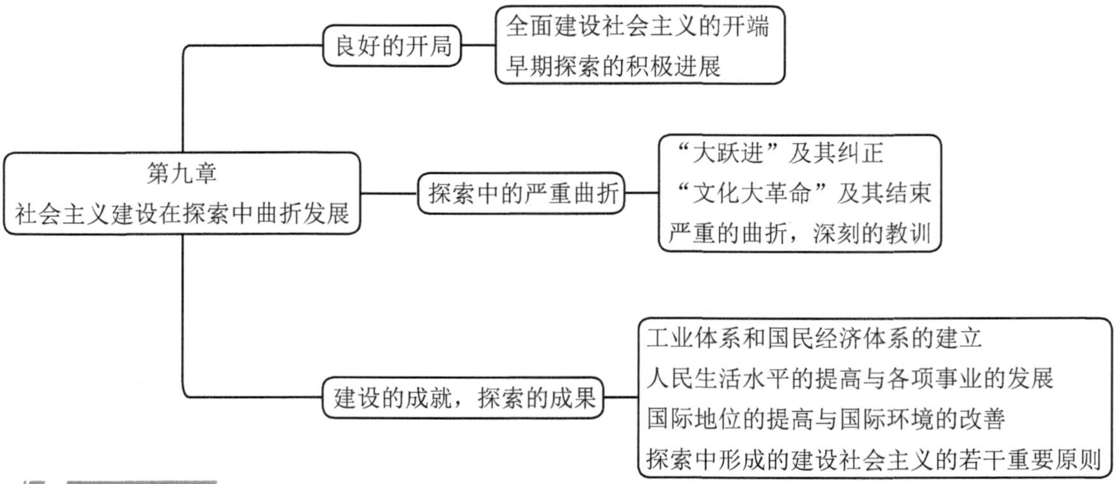

要点解析

社会主义基本制度的全面确立，标志着中国开始进入全面建设社会主义的历史阶段。但由于对社会主义建设的长期性、复杂性估计严重不足，忽视经济规律，急于求成等原因，中国共产党在独立探索中国自己的社会主义建设道路过程中发生了一些失误和严重曲折，使中国共产党、国家和人民遭到新中国成立以来最严重的挫折和损失。这些曲折原因是多方面的，并不是由社会主义根本制度本身所造成的，而且依靠社会主义制度的自我完善和发展是完全可以纠正的。从总体上说，社会主义建设取得的成就是巨大的。以毛泽东为主要代表的中国共产党人在创建新中国和探索适合中国情况的社会主义建设道路过程中，逐步形成或进一步完善了具有中国特点的社会主义根本制度。这是本章的重点和要点。

1. 开始全面建设社会主义后，为什么会提出马克思主义同中国实际的“第二次结合”，又是怎样提出的

1956 年，社会主义基本制度的全面确立，标志着中国开始进入全面建设社会主义的历史阶段。中国已经是一个社会主义国家，但又是一个经济文化落后、人口众多、幅员辽阔、发展极不平衡的国家。怎样建设社会主义，怎样巩固和发展社会主义，并没有现成的道路可循，必须在实践中进行艰苦的探索。

新中国成立初期，因为没有经验，在经济建设上只得学习甚至照搬苏联的做法。这在当时是完全必要的，同时又有一个缺点，即缺乏创造性。经过执行发展国民经济的第一个五年计划的实践，中国共产党和人民政府已经积累了进行建设的初步经验。1956 年 2 月召开的苏共二十大，进一步暴露了苏联在社会主义建设中存在的缺点和错误。在这种情况下，中国共产党人决心走自己的路，开始探索适合中国情况的社会主义建设道路，提出将马克思列宁主义基本原理同中国具体实际相结合的问题。

1956 年 4 月初，在中共中央书记处会议上，毛泽东提出：我认为最重要的教训是独立自主，调查研究，摸清本国国情，把马克思列宁主义的基本原理同我国革命和建设的具体实际结合起来，制定我们的路线、方针、政策。现在是社会主义革命和建设时期，我们要进行第二次结合，找出在中国进行社会主义革命和建设的正确道路。

针对苏共二十大以后西方敌对势力乘机掀起的反共反社会主义浪潮，中共中央指出，“保卫十月革命所开辟的这一条马克思列宁主义的道路，在目前的国际形势下具有特别重大的意义”。同时，鉴于苏联在建设社会主义过程中存在的一些缺点和错误，中共中央又指出，现在我们应当更加强调从中国的国情出发，强调开动脑筋，强调创造性，在结合上下功夫。毛泽东说：“最近苏联方面暴露了他们在建设社会主义过程中存在的一些缺点和错误，他们走过的弯路，你还想走？过去我们就是鉴于他们的经验教训，少走了一些弯路，现在当然更要引以为戒。”中国的社会主义建设必须走自己的道路。

毛泽东提出的关于实行马克思主义同中国实际的“第二次结合”的任务，为探索适合中国情况的社会主义建设道路，提供了基本的指导原则。

2. 1956—1957 年，中国共产党对社会主义建设道路的探索取得了哪些理论成果

1956—1957 年，以毛泽东为主要代表的中国共产党人，对中国的社会主义建设道路进行了艰苦的探索，取得了多方面的思想理论成果。

第一，提出调动一切积极因素为社会主义事业服务的基本方针，论述了社会主义建设中的一系列重大关系。

1956 年 2 月至 4 月，毛泽东等先后听取了中央 35 个部委的工作汇报。在听取汇报的基础上，逐渐形成《论十大关系》的基本思路，并先后在 4 月 25 日中央政治局扩大会议和 5 月 2 日最高国务会议上做了《论十大关系》的报告。毛泽东强调，建设社会主义，首先必须依靠工农群众，充分调动工农群众的积极性；同时，必须巩固各民族的团结，帮助少数民族发展经济建设和文化建设；还应当与民主党派“长期共存，互相监督”，加强统一战线工作。他还指出，在把重工业作为国内建设重点的同时，要更多地发展农业、轻工业，并处理好沿海工业与内地工业、经济建设与国防建设的关系，对中国工业化道路的问题作出了创造性的论述。他还提出体制改革的问题，强调应发挥中央和地方的积极性，使各个生产单位有一个与统一性相联系的独立性。在论述中国和外国的关系时，提出“向外国学习”的口号，强调一切民族、一切国家的长处都要学，但不能一切照搬。这十大关系，围绕一个基本方针，即：“一定要努力把党内党外、国内国外的一切积极的因素，直接的、间接的积极因素，全部调动起来，把我国建设成为一个强大的社会主义国家。”《论十大关系》也是以毛泽东为主要代表的中国共产党人开始探索中国自己的社会主义建设道路的标志。

第二，正确分析了社会主义改造完成后中国社会的主要矛盾和主要任务，制定了正确的社会主义建设方针。

1956 年 9 月召开的中共八大，正确分析了社会主义改造完成后中国社会的主要矛盾和主要任务，指出：社会主义制度在我国已经基本上建立起来；我们还必须为解放台湾，为彻底完成社会主义改造、最后消灭剥削制度和继续肃清反革命残余势力而斗争，但是国内主要矛盾已经不再是工人阶级和资产阶级的矛盾，而是人民对于经济文化迅速发展的需要同当前经济文化不能满足人民需要的状况之间的矛盾；全国人民的主要任务是集中力量发展社会生产力，实现国家工业化，逐步满足人民日益增长的物质和文化需要；还有阶级斗争，还要加强人民民主专政，但根本任务已经是在新的生产关系下保护和发展生产力。在经济建设上，大会坚持既反保守又反冒进，即在综合平衡中稳步前进的方针。在政治建设上，提出要扩大社会主义民主、健全社会主义法制。在执政党建设上，强调要健全党内民主集中制，坚持集体领导制度，反对个人崇拜，加强党和群众的联系。

第三，提出社会主义社会基本矛盾的学说，指出正确处理人民内部矛盾是国家政治生活的主题。

社会主义改造基本完成后，不少人对新的社会制度还不能马上适应，再加上党和政府的一些工作部门存在着主观主义、官僚主义作风，引起一些群众的不满。1956 年下半年，一些地区出现了工人罢工、学生罢课、农民退社等情况。与此同时，国际上出现的波兰、匈牙利事件，也在国内引起一些人思想的波动。一些领导干部对此缺乏思想准备，或者束手无策，或者对一些闹事问题不做具体分析，简单化地将其作为敌我矛盾来处理。针对这些情况，1957 年 2 月，毛泽东在扩大的最高国务会议第十一次（扩大）会议上做了《如何处理人民内部的矛盾》的讲话，指出：在社会主义制度下，人民的根本利益是一致的，但还存在着敌我矛盾和人民内部矛盾。必须区分社会主义社会两类不同性质的社会矛盾，把正确处理人民内部矛盾作为国家政治生活的主题。他还对社会主义社会的基本矛盾作了科学分析。指出：在社会主义社会中，基本的矛盾仍然是生产关系和生产力之间的矛盾、上层建筑和经济基础之间的矛盾。这些矛盾，可以通过社会主义制度本身的自我调整和自我完善不断地得到解决。

第四，对经济体制改革及科学文化建设方面进行初步探索，提出重要指导思想。

陈云在中共八大会议上提出“三个主体、三个补充”的思想。即：国家经营和集体经营是主体，一定数量的个体经营为补充；计划生产是主体，一定范围的自由生产为补充；国家市场是主体，一定范围的自由市场为补充。这个思想为大会所采纳，并写入大会决议，成为探索适合中国特点的经济体制的重要步骤。中共八大后，中国共产党在探索中又提出一些重要的新思想。1956 年 12 月，毛泽东提出，可以消灭了资本主义，又搞资本主义，并把这称作“新经济政策”。在科学文化建设方面，中国共产党积极探索一条适合中国国情的科学文化建设道路。1956 年 1 月，中共中央召开关于知识分子问题会议，动员全党和全国人民特别是广大知识分子“向现代科学进军”。会后，国务院成立了科学规划委员会，集中数百名科学家，经过反复研究，于同年 10 月制定了《1956-1967 年科学技术发展远景规划纲要》，这是新中国第一个全国性的科技规划。1956 年 4 月，毛泽东在中共中央政治局扩大会议上提出：“艺术问题上的百花齐放，学术问题上的百家争鸣，我看应该成为我们的方针。”百花齐放、百家争鸣方针的提出和确立，适应了国家迅速发展经济和文化的迫切要求，有利于充分调动广大知识分子从事社会主义建设的积极性，成为党和国家促进社会主义文化繁荣和科学进步的指导方针。

3. 如何看待 1957 年的整风运动和反右派斗争

1956 年 11 月召开了中共八届二中全会，会上根据毛泽东的提议，确定自 1957 年下半年起开展党内整风运动。1957 年 4 月 27 日，中共中央下发《关于整风运动的指示》，决定在全党进行一次反对官僚主义、宗派主义和主观主义的整风运动。5 月 1 日，《人民日报》公开刊发该指示。整风运动全面开始。

整风运动的目的是加强执政党的建设。采取整风的办法来全面加强党的思想、组织、作风建设，是中国共产党的一个创举。在执政的条件下，党容易产生脱离群众的官僚主义等错误倾向，更需要采取整风的办法来加以解决。根据中共中央的设想，这次整风是一次既严肃认真又和风细雨的思想教育运动，是一次认真开展批评和自我批评的自我教育运动，通过发动群众向党员和党的各级组织提意见，帮助党来纠正官僚主义等问题。

运动采取开门整风的形式。各级党组织纷纷召开座谈会和小组会，听取党内外群众的意见，迅速在全社会形成一个“鸣放”的高潮。人们提出的各种意见，绝大多数是诚恳的，但确有极少数资产阶级右派分子乘机向党和新生的社会主义制度发动进攻。他们把共产党在国家政治生活中的领导地位攻击为“党天下”，要求“轮流坐庄”；他们竭力抹杀社会主义改造和建设的成绩，根本否定社会主义制度的优越性；他们还把人民民主专政制度说成是产生主观主义、官僚主义和宗派主义的根源。有的人甚至散布煽动性言论，鼓动一些不明真相的人上街闹事。

6 月 8 日，中共中央发出组织力量反击右派分子进攻的党内指示，《人民日报》同日发表题为《这是为什么？》的社论。一场全国规模的群众性反右派运动全面展开。对极少数右派分子的进攻实行坚决反击，是完全正确的和必要的。在涉及重大政治原则的大是大非问题上如果不能旗帜鲜明，就会造成思想上和政治上的混乱。但是反右派斗争被严重地扩大化了。到1958年夏季运动结束时，全国划定的右派分子达55万人，其中绝大多数属于错划，把一批知识分子、爱国人士和党内干部错划为右派分子。反右派斗争严重扩大化的一个重要影响，是1957年9月至10月召开的中共八届三中全会开始改变中共八大关于我国社会主要矛盾的正确判断，认为当前国内的主要矛盾仍然是无产阶级和资产阶级、社会主义道路和资本主义道路的矛盾。后来召开的中共八大二次会议正式确认了这个判断。这一理论上和指导思想上的失误造成了长时期的严重后果。

4. 中国共产党在对社会主义道路探索过程中出现了哪些曲折

中国共产党在对社会主义道路的探索过程中，也出现一些曲折，具体表现在反右派斗争被严重地扩大化了，把一批知识分子、爱国人士和党内干部错划为右派分子，造成不幸的后果。反右派斗争严重扩大化还影响到党内思想。1957年9月至10月召开的中共八届三中全会开始改变中共八大关于我国社会主要矛盾的正确判断，认为当前国内的主要矛盾仍然是无产阶级和资产阶级、社会主义道路和资本主义道路的矛盾。1958年5月召开的中共八大二次会议正式确认了这个判断。这一理论上和指导思想上的失误造成了长时期的严重后果。

中共八大二次会议还通过了“鼓足干劲、力争上游、多快好省地建设社会主义”的社会主义建设总路线。这条总路线及其基本点，反映了广大人民群众迫切要求改变国家经济文化落后状况的普遍愿望，但是忽视了客观的经济规律。由于毛泽东以及中央和地方不少领导干部忽视经济规律，急于求成，对社会主义建设的长期性、复杂性估计严重不足，没有经过认真的调查研究和试点，就在总路线提出后轻率地发动了“大跃进”和人民公社化运动，使得以高指标、瞎指挥、浮夸风和“共产风”为主要标志的“左”倾错误严重地泛滥开来。1958年8月，中共中央政治局扩大的北戴河会议通过了《关于在农村建立人民公社问题的决议》，提出“应该积极地运用人民公社的形式，摸索出一条过渡到共产主义的具体途径”。此后，人民公社广泛建立起来。人民公社实行“政社合一”的体制，其基本特点被概括为“一大二公”。其严重地脱离了农村的生产力水平，致使“一平二调”之风泛滥，损害了广大社员和小集体的利益。

1959年7月2日至8月1日，中共中央在江西庐山召开政治局扩大会议。会议的出发点是统一全党的认识，巩固纠“左”成果。但是党内的高层领导对1958年以来的工作和当前形势的估计存在着严重分歧，会议发展为政治领域的“反右倾”斗争。这场斗争，在政治上使党内从中央到基层的民主生活遭到严重损害；在经济建设上打断了纠“左”的进程，使错误延续了更长时间。

20 世纪 50 年代后期开始的“左”倾错误，在经济工作指导思想中尚未得到彻底纠正，在政治和思想文化方面还有发展。在 1962 年 9 月召开的中共八届十中全会上，毛泽东把社会主义社会中一定范围内存在的阶级斗争扩大化和绝对化，后来更发展成为“以阶级斗争为纲”的指导思想。

1963 年至 1965 年间，中共中央领导进行了城乡社会主义教育运动。这一运动虽然对于解决干部作风和经济管理等方面的问题起了一定作用，但由于把这些不同性质的问题都认为是阶级斗争或者是阶级斗争在党内的反映，在 1964 年下半年使不少基层干部受到不应有的打击，1965 年初又错误地提出了运动的重点是整所谓“党内走资本主义道路的当权派”。

在意识形态领域，也对一些文艺作品、学术观点和文艺界学术界的一些代表人物进行了错误的、过火的政治批判，在对待知识分子问题、教育科学文化问题上发生了愈来愈严重的“左”的偏差，并且在后来发展成为“文化大革命”的导火线。

5. 在 1956—1976 年间，中国共产党对所犯的错误进行了一定程度的认识和纠正，主要有哪些

1958 年 11 月，毛泽东主持召开第一次郑州会议，指出当时大有立即宣布全民所有、废除商业、消灭商品生产之势，发展下去势必会重犯苏联剥夺农民的历史性错误。从这时起到 1959 年 7 月庐山会议前期，毛泽东领导全党和全国人民对已经觉察到的错误进行了初步纠正。

1958 年 11、12 月间，毛泽东在武昌先后主持召开中共中央政治局扩大会议和八届六中全会，着重纠正急于向全民所有制和向共产主义过渡的倾向，以及企图过早地取消商品生产和商品交换的倾向，并决定开展整顿人民公社的工作。1959 年 2 月，毛泽东主持召开第二次郑州会议，针对人民公社存在的平均主义和过分集中的问题，提出“队为基础、分级管理、三级核算、各计盈亏、按劳分配、承认差别”的方针。

毛泽东在 1960 年 6 月撰写的《十年总结》一文和同年 11 月为中共中央起草的指示中，都讲到自己在“大跃进”期间所犯的错误，做了自我批评。同年 11 月，中共中央发出《关于农村人民公社当前政策问题的紧急指示信》（即“十二条”），着手解决当时最为突出的农业和农村问题。

1961 年 1 月，中共八届九中全会决定对国民经济实行“调整、巩固、充实、提高”的八字方针，毛泽东在会上号召全党大兴调查研究之风。随后，他领导的三个调查组分赴浙江、湖南、广东农村基层做调查。刘少奇、周恩来、朱德、陈云、邓小平等也深入基层进行调查研究。

同年3月，毛泽东在广州主持起草了《农村人民公社工作条例（草案）》（即“农业六十条”），以后又几经修改，确定以生产队为基本核算单位，要求认真贯彻按劳分配的原则，废除供给制，停办公共食堂。“农业六十条”的贯彻执行，对于克服严重存在的平均主义，调动农民的生产积极性，推动恢复和发展农业生产，起到了十分重要的作用。同年6月，毛泽东指出，由于碰了钉子，我们“对于社会主义的认识，对于如何建设社会主义的认识是大为深入了”。在此基础上，在刘少奇、周恩来、陈云、邓小平等的主持下，中共中央陆续制定出有关工业、商业、教育、科学、文艺等方面的工作条例草案，总结历史经验，继续纠正“左”的错误，推动国民经济转入1962年至1965年的三年调整时期。

1962年1、2月间，扩大的中共中央工作会议（即“七千人大会”）在北京召开。这次会议恢复和发扬了党内的民主精神和自我批评精神，统一了全党的认识，对全面贯彻调整国民经济的八字方针起了极其重要的作用。1975年，邓小平着手对各方面的工作进行整顿，形势开始有了明显好转。在“文化大革命”期间，党和人民同“左”倾错误及林彪、江青反革命集团的斗争一直没有停止过，这使“文化大革命”的破坏受到一定程度的限制。

6. 如何看待中国共产党领导人民在探索社会主义建设道路过程中经历的严重曲折

一要区分错误的性质。中国共产党在独立探索中国自己的社会主义建设道路过程中发生的严重曲折，原因是多方面的，但归根结底，并不是由社会主义根本制度本身所造成的，而且依靠社会主义制度的自我完善和发展完全可以纠正。毛泽东发动“文化大革命”，是出于避免资本主义复辟的考虑，但对中国本身的实际情况作了错误的估计。他在犯严重错误时，还多次要求全党认真学习马列著作，还始终认为自己的理论和实践是马克思主义的，是为巩固无产阶级专政所必需的。

二要查找犯错误的原因。首先，中国共产党过去长期处于战争和激烈的阶级斗争的环境中，对于新生的社会主义社会和社会主义建设事业，缺乏充分的思想准备和科学研究。对于什么是社会主义、怎样建设社会主义的问题，并没有完全搞清楚。其次，在社会主义改造基本完成以后，在观察和处理社会主义社会发展进程中出现的政治、经济、文化等方面的新矛盾新问题时，容易把已经不属于阶级斗争的问题仍然看作是阶级斗争，并且面对新条件下的阶级斗争，又习惯于沿用过去熟习而这时已不能照搬的进行大规模急风暴雨式群众性斗争的旧方法和旧经验，从而导致阶级斗争的严重扩大化。最后，党的民主集中制和集体领导制度遭到了严重破坏，致使党无法依靠制度和集体的力量及时地发现并纠正错误。

三要对错误进行科学分析。对这一时期中国共产党所犯的错误，需要做具体的、历史的分析。其一，中国共产党在犯严重错误的时候，其性质和宗旨都没有改变，人民群众依然把它看作是自己根本利益的代表者，对它表示信任并寄予希望。其二，中国共产党能够紧紧依靠广大党员、干部和人民群众，并在广大群众的支持和帮助下，发现错误，抵制错误，纠正错误。其三，即使在中国共产党和毛泽东犯了严重错误的历史时期，社会主义建设的各项事业仍然取得了举世公认的成就。

7. 中国从全面建设社会主义以来至文化大革命结束，这一时期经历过严重曲折，但总体来说，社会主义建设取得的成就是巨大的。这些成就主要表现在哪些方面

第一，建成了独立的、比较完整的工业体系和国民经济体系。

这一时期中国经济保持了较快的发展速度，国家经济实力显著增强。基本建立了独立的、比较完整的工业体系和国民经济体系，从根本上解决了工业化中"从无到有"的问题。新中国刚刚建立时，由于没有自己独立的工业体系，主要工业产品全部依赖进口。从"一五"计划开始，国家以苏联援建项目为中心，进行大规模投资，建成了一批门类比较齐全的基础工业项目，为国民经济的进一步发展打下了坚实的基础。主要工业品的生产能力有了飞跃的发展。在铁路、交通运输等基础设施建设方面，也得到了较快的发展。国防建设方面，开展了大规模的"三线"建设，增强了国防力量，对改善工业布局和城市布局也起到了重要的促进作用。

第二，人民生活水平不断提高，文化、教育、医疗、科技事业得到较大发展。

通过兴修水利、开展农田基本建设、培育推广良种、提倡科学种田，较大幅度地提高了粮食生产水平和抵御自然灾害的能力。粮食总产量和棉花总产量增长迅速，保障了人民的基本生活需求。文化建设方面，扫除文盲、大力推广普通话，加大对基础教育和高等教育的投资。文学艺术工作也取得重要的成就。戏剧、电影、音乐、舞蹈、小说、散文和诗歌等都涌现出大批优秀作品。一批社会科学家和文学艺术家，为繁荣国家哲学社会科学研究事业和文化事业作出了重大贡献。医疗事业蓬勃发展。医疗机构不断增加，人口死亡率下降，人均预期寿命不断提高。体育事业也取得进步。在核技术、人造卫星和运载火箭等尖端科学技术领域，取得一系列重要的成就。成立了中国科学院，一些重要的现代科学分支和新兴应用技术，也都在这一时期逐步发展起来，一批科学家为国家科学技术的发展作出了重大贡献。

第三，国际地位空前提高，国际环境有了较大改善。

新中国在成立初期，一面奉行独立自主基础上的"一边倒"政策，积极争取苏联和其他社会主义国家对中国国内建设与外交工作的支持、援助；一面不失时机地发展同西方国家的民间外交，同这些国家进行贸易往来，以民促官，以经促政，在1964年实现了中法建交。1950年至1953年的抗美援朝战争，以及随后召开的日内瓦国际会议和万隆会议，极大地提高了新中国的国际地位。中国倡导的和平共处五项原则，成为处理国与国关系的公认的国际准则。20 世纪 50 年代，中国在支持亚洲、非洲、拉丁美洲国家的民族解放运动中同广大发展中国家建立了友好关系。这些国家积极争取恢复新中国在联合国的合法席位，并在 1971 年 10 月获得成功。1972 年 2 月，美国总统尼克松访华，中美双方在上海发表联合公报。同年 9 月，中日两国发表关于建交的联合声明。随着中美关系开始正常化，1972 年出现了西方国家对华建交热潮，中国外交格局发生重大变化。中国同欧洲一些国家先后建立大使级外交关系，同西方国家的关系从此出现重大转机。中苏关系也趋于缓和。

8. 为什么说毛泽东是探索中国社会主义建设道路的开创者

第一，首倡马克思主义与中国实际的“第二次结合”，为探索适合中国国情的社会主义建设道路提供了最根本的指导原则。

在探索刚刚起步时，毛泽东就论述了必须实行马克思主义与中国实际“第二次结合”的基本思想，提出了社会主义社会矛盾的学说，阐明了调动一切积极因素建设社会主义的基本方针。

第二，对社会主义的发展阶段问题初步作出了正确的论述，提出了中国实现现代化的目标和步骤。

关于社会主义的发展阶段，毛泽东指出：社会主义这个阶段，又可能分为两个阶段，第一个阶段是不发达的社会主义，第二个阶段是比较发达的社会主义。后一阶段可能比前一阶段需要更长的时间。关于社会主义现代化建设的战略目标和步骤，毛泽东强调：为了建设社会主义，必须大力推进中国的现代化事业。社会主义现代化建设的战略目标，是要把中国建设成为一个具有现代农业、现代工业、现代国防和现代科学技术的强国。为此，应当采取“两步走”的发展战略，第一步，建立一个独立的比较完整的工业体系和国民经济体系；第二步，全面实现农业、工业、国防和科学技术的现代化，使中国的经济走在世界前列。

第三，阐述了社会主义建设的若干重要原则。

在社会主义经济建设方面，毛泽东提出，要实行以农业为基础、以工业为主导的方针，正确处理重工业、轻工业和农业的关系，以农、轻、重为序发展国民经济；在优先发展重工业的条件下，坚持工业和农业并举、重工业和轻工业并举、中央工业和地方工业并举、大中小企业并举等“两条腿”走路的方针；发展社会主义商品生产，利用价值规律，正确解决好综合平衡的问题，处理好积累和消费、生产和生活的问题，处理好国家、集体和个人的关系，统筹兼顾，适当安排。

在社会主义民主政治建设方面，毛泽东提出，要把“造成一个又有集中又有民主，又有纪律又有自由，又有统一意志又有个人心情舒畅、生动活泼，那样一种政治局面”作为努力的目标；把正确处理人民内部矛盾作为国家政治生活的主题，坚持人民民主，尽可能团结一切可以团结的力量；处理好中国共产党同各民主党派的关系，坚持长期共存、互相监督的方针，巩固和扩大爱国统一战线；切实保障人民当家作主的各项权利，尤其是人民参与国家和社会事务管理的权利；社会主义法制要保护劳动人民利益，保护社会主义经济基础，保护社会生产力。

在社会主义文化建设方面，毛泽东提出，要坚持马克思主义的指导地位，实行“百花齐放、百家争鸣”的方针，对古今中外的优秀文化实行古为今用、洋为中用、百花齐放、推陈出新的方针；思想政治工作是经济工作和其他一切工作的生命线，要实行政治和经济的统一、政治和技术的统一、又红又专的方针；知识分子在革命和建设中具有重要作用，要建设一支宏大的工人阶级知识分子队伍；要向科学进军，不能走世界各国发展科学技术的老路，而应独立自主、自力更生、奋发图强，努力赶超世界先进水平。

在国防建设和军队建设方面，毛泽东提出必须加强国防、建设现代化正规化国防军和发展现代化国防技术的重要指导思想，还提出国防建设要服从国家经济建设大局的方针，并为巩固国防制定了积极防御的战略思想，积累了军事斗争同政治斗争、外交斗争相结合的独创性经验。

在执政条件下加强共产党自身建设方面，毛泽东最早觉察到帝国主义的“和平演变”战略的危险，号召共产党人提高警惕，同这种危险作斗争。同时，他又十分警惕党在执政以后可能产生的种种消极现象。为此，他提出：共产党员必须坚持共产主义的远大理想，务必继续地保持谦虚、谨慎、不骄、不躁的作风，继续地保持艰苦奋斗的作风；各级领导干部必须自觉地运用人民赋予的权力为人民服务，依靠人民群众行使这个权力，并接受人民群众的监督；必须以普通劳动者的姿态出现，平等待人；必须防止在共产党内、在干部队伍中形成特权阶层、贵族阶层，坚决地反对党内和干部队伍中的腐败现象；必须切实解决“培养无产阶级革命事业的接班人”的问题。

总之，在探索适合中国国情的社会主义建设道路上，毛泽东首倡马克思主义与中国实际的“第二次结合”，提出找到进行社会主义革命和建设的正确道路。并根据新中国成立以来经济建设的实际，初步总结出一些探索成果。此后，以毛泽东为核心的党的第一代中央领导集体在建设道路问题上积累了许多经验，得出了一些重要的正确原则。由于“左”倾错误思想的干扰，有些重大原则没有得到贯彻，但毛泽东依然是当之无愧的探索中国社会主义建设道路的开创者。

学习检测

一、单项选择题

1. 中国共产党人开始探索中国自己的社会主义建设道路的标志是（　　）。
A.《关于正确处理人民内部矛盾的问题》发表
B. 建设社会主义总路线的提出
C.“三个主体、三个补充”思想的提出
D.《论十大关系》发表

2. 在中共八大上，做关于修改党章的报告的是（　　）。
A. 刘少奇　　B. 周恩来　　C. 邓小平　　D. 朱德

3. 在中共八大上，提出“三个主体、三个补充”思想的是（　　）。
A. 刘少奇　　B. 陈云　　C. 周恩来　　D. 毛泽东

4. “调整、巩固、充实、提高”八字方针的提出是在（　　）。
A. 中共八大　　B. 中共八大二次会议
C. 八届九中全会　　D.“七千人大会”

5. 成为“文化大革命”导火索的文章是（　　）。
A.《评新编历史剧〈海瑞罢官〉》　　B.“五一六通知”
C.《炮打司令部——我的一张大字报》　　D.《这是为什么？》

6. 在中共八届一中全会上，（　　）当选为中共中央总书记。
A. 毛泽东　　B. 刘少奇　　C. 周恩来　　D. 邓小平

7.《关于正确处理人民内部矛盾的问题》于 1957 年 6 月 19 日在（　　）上公开发表。
A.《光明日报》　　B.《新华日报》　　C.《解放日报》　　D.《人民日报》

8. 1958 年 5 月，（　　）通过了建设社会主义总路线。
A. 中共八大　　B. 中共八大二次会议
C. 北戴河会议　　D. 八届六中全会

9. 1967 年 1 月，上海造反派头目（　　）夺取了中共上海市委、市人民委员会的领导权，号称“一月革命”。
A. 张春桥　　B. 聂元梓　　C. 王洪文　　D. 陈伯达

10. 1959 年 8 月，毛泽东在庐山主持召开中共（　　），做出了《关于以彭德怀同志为首的反党集团的错误的决议》，在经济建设上打断了纠“左”的进程。
A. 八届六中全会　　B. 八届八中全会
C. 八届九中全会　　D. 八届十中全会

11. 反右派斗争扩大化的一个重要影响，是 1957 年 9 月至 10 月召开的中共（　　），开始改变中共八大关于我国社会主要矛盾的正确判断。

A. 八届二中全会　　B. 八大二次会议

C. 八届三中全会　　D. 九大

12. 1966 年 5 月，中共中央召开政治局扩大会议，通过了（　　），系统阐发了发动“文化大革命”的主要论点。

A.《十年总结》　　B.《炮打司令部——我的一张大字报》

C.《关于无产阶级文化大革命的决定》　　D.《中国共产党中央委员会通知》

13. 中共八大提出的经济建设的方针是（　　）。

A. 调整、巩固、充实、提高

B. 鼓足干劲、力争上游、多快好省地建设社会主义

C. 调动国内外一切积极因素，为社会主义建设服务

D. 既反保守又反冒进，即在综合平衡中稳步前进

14. 七千人大会召开是在（　　）。

A.1960 年　　B.1961 年　　C.1962 年　　D.1963 年

15. 1966 年 8 月 1 日至 12 日，毛泽东主持召开八届十一中全会，通过了（　　），成为“文化大革命”的指导方针。

A.《五一六通知》　　B.《十年总结》

C.《炮打司令部——我的一张大字报》　　D.《关于无产阶级文化大革命的决定》

16. 社会主义基本制度确立后，如何在中国这样一个经济文化比较落后的东方大国建设和巩固社会主义，是党面临的全新课题。1956 年 4 月，毛泽东作了《论十大关系》的报告，在初步总结我国社会主义建设经验的基础上，从十个方面论述了我国社会主义建设需要重点把握的重大关系，“十大关系”所围绕的基本方针是（　　）。

A. 集中力量向科学进军

B. 调动一切积极因素为社会主义事业服务

C. 正确处理人民内部矛盾

D. 既反保守又反冒进，即在综合平衡中稳步前进

——该题出自“2016 年硕士研究生入学考试政治试题”第 6 题

二、多项选择题

1. 中共八大对当时国内形势的分析是（　　）。

A. 社会主义制度基本建立起来

B. 工人阶级与资产阶级的矛盾基本上得到解决

C. 国内主要矛盾是人民对于经济文化迅速发展的需要同当前经济文化不能满足人民需要的状况之间的矛盾

D. 全国人民的主要任务是集中力量发展生产力，实现国家工业化

2. 1957 年 5 月，中共中央开展整风运动的主要内容有（　　）。

A. 反对官僚主义　　B. 反对宗派主义

C. 反对主观主义　　D. 反对教条主义

3. 对中共八大二次会议通过的社会主义建设总路线的评价是（　　）。

A. 是社会主义建设高速发展的保证

B. 是群众路线的反映

C. 忽视了客观的经济规律

D. 在实际工作中片面强调“快”，产生了消极后果

4. “大跃进”错误的主要表现有（　　）。

A. 高指标　　B. 瞎指挥　　C. 浮夸风　　D. 共产风

5. 20 世纪 70 年代我国外交工作的主要成就有（　　）。

A. 我国恢复在联合国的合法席位

B. 美国总统尼克松访华，双方在上海发表联合公报

C. 中日建交

D. 西方国家掀起对华建交高潮

6. 我国开始全面建设社会主义的基本国情是（　　）。

A. 已经是一个社会主义国家　　B. 经济文化落后

C. 人口众多　　D. 发展极不平衡

7. 中共八大提出的全国人民的主要任务有（　　）。

A. 集中力量发展社会生产力

B. 实现国家工业化

C. 逐步满足人民日益增长的物质和文化需要

D. 继续进行社会主义改造

8. 从 1956 年到 1976 年，由于受“左”倾错误的影响，我国社会主义建设出现的主要错误有（　　）。

A. “大跃进”运动　　B. 人民公社化运动

C. 开展“反右倾”斗争　　D. 以阶级斗争为纲

9. 从 1956 年到 1966 年的十年探索时期，中国共产党取得的关于建设社会主义的积

极的理论成果有（　　）。

A.《论十大关系》　　B. 中共“八大”文献

C.《关于正确处理人民内部矛盾的问题》　　D. 建设社会主义总路线

10. 以毛泽东为代表的中国共产党探索中国社会主义建设道路的背景有（　　）。

A. 社会主义改造基本完成

B. 苏联社会主义建设弊端的暴露

C. 通过执行第一个“五年计划”，中国共产党初步积累了建设社会主义的经验

D. 中苏关系破裂

11. 中共八大提出，在执政党建设上要（　　）。

A. 提高全党马克思列宁主义水平

B. 健全党内民主集中制，坚持集体领导制度，反对个人崇拜，发展党内民主和人民民主

C. 加强党和群众的联系

D. 有法可依

12. 1959 年 2 月，毛泽东在第二次召开的郑州会议上，针对人民公社存在的平均主义和过分集中问题，提出了（　　）的方针。

A. 队为基础　　B. 分级管理

C. 三级核算，各计盈亏　　D. 按劳分配，承认差别

13. 1959 年到 1961 年，我国出现严重经济困难的原因有（　　）。

A.“大跃进”的错误影响　　B.“反右倾”斗争的错误影响

C. 自然灾害　　D.“反右派”斗争扩大化

14. 1967 年 2 月前后，对“文化大革命”的错误做法提出强烈批评却被诬为“二月逆流”的国家领导人有（　　）。

A. 谭震林　　B. 陈毅　　C. 叶剑英　　D. 李富春

15. 在探索社会主义建设时期，中国共产党领导全国人民取得的建设成就有（　　）。

A. 独立的比较完整的工业体系和国民经济体系的建立

B. 人民生活水平的提高与文化、教育、医疗、科技事业的发展

C. 国际地位的提高与国际环境的改善

D. 探索中形成了建设社会主义的若干重要原则

三、判断题

1.《论十大关系》的发表，标志着我国社会主义建设彻底摆脱了苏联模式。

2. 1961 年中共八届九中全会决定对国民经济实行“调整、巩固、改革、提高”八字方针。

3. “二月逆流”实际上是对“文化大革命”的错误进行的抵制和抗争。

4. 1976年10月，中共中央政治局粉碎了“四人帮”反党集团，标志着文化大革命的结束。

5. 中共八大的指导思想是“鼓足干劲，力争上游，多快好省地建设社会主义”。

四、材料分析题

结合材料回答问题

材料1：“重工业是我国建设的重点。必须优先发展生产资料的生产，这是已经定了的。但是决不可以忽视生产资料尤其是粮食的生产，如果没有足够的粮食和其他生活必需品，首先就不能养活工人，还谈什么发展重工业？所以，重工业和轻工业、农业的关系，必须处理好。”

“在处理重工业和轻工业、农业的关系上，我们没有犯原则性的错误。我们比苏联和一些东欧国家做得好些。像苏联的粮食产量长期达不到革命前最高水平的问题，像一些东欧国家由于轻重工业发展太不平衡而产生的严重问题，我们这里是不存在的。他们片面地注重重工业，忽视农业和轻工业，因而市场上的货物不够，货币不稳定。我们对于农业轻工业是比较注重的。我们一直抓了农业，发展了农业，相当地保证了发展工业所需要的粮食和原料。我们的民生日用商品比较丰富，物价和货币是稳定的。”

——摘自毛泽东《论十大关系》

材料2：“过去安排是重、轻、农，这个次序要反一下，现在是否提农、轻、重？要把农、轻、重的关系研究一下。过去搞十大关系，就是两条腿走路，多快好省也是两条腿，现在可以说是没有执行，或者说是没有很好地执行。过去是重、轻、农、商、交，现在强调把农业搞好，次序改为农、轻、重、交、商。这样提还是优先发展生产资料，并不违背马克思主义。”

——摘自毛泽东《庐山会议讨论的十八个问题》1959年6月29日至7月2日

（1）指出我国经济建设的重点及其原因。如何理解毛泽东指出的在重工业、轻工业和农业的关系上，我们没有犯原则性的错误？

（2）对于重、轻、农的关系，毛泽东为什么说“没有执行，或者说是没有很好地执行”？毛泽东在反思的基础上又做了哪些发展？

参考答案

一、单项选择题

1.D　2.C　3.B　4.C　5.A　6.D　7.D　8.B　9.C　10.B　11.C　12.D　13.D　14.C　15.D　16.B

二、多项选择题

1.ABCD　2.ABC　3.CD　4.ABCD　5.ABCD　6.ABCD　7.ABC　8.ABCD　9.ABC
10.ABC　11.ABC　12.ABCD　13.ABC　14.ABCD　15.ABCD

三、判断题

1.×　2.×　3. √　4. √　5.×

四、材料分析题

（1）重工业是我国经济建设的重点。这是因为重工业是生产资料的部门，是国民经济中的基础，是现代生产力的基本物质条件。重工业的发展能为农业、轻工业的生产提供先进装备，因此生产资料生产要优先发展。

在重工业、轻工业、农业的关系上，我们并没有犯原则性的错误。因为我们对农业和轻工业是比较重视的，保证了工业发展所需要的粮食和原料，满足了人民群众的日常生活，货币和物价稳定，没有发生像苏联、东欧那样由于没有处理好重、轻、农的关系而产生的严重问题。

（2）毛泽东所说的“没有执行，或者说是没有很好地执行”，是针对“大跃进”中“以钢为纲”，破坏了重、轻、农的比例关系，给国民经济发展带来很大的危害。在反思这一失误的基础上，毛泽东再次提出要正确处理重、轻、农的关系，把农业放在国民经济的基础地位，明确以农业、轻工业、重工业为序安排国民经济。

第十章 中国特色社会主义的开创与接续发展

知识图谱

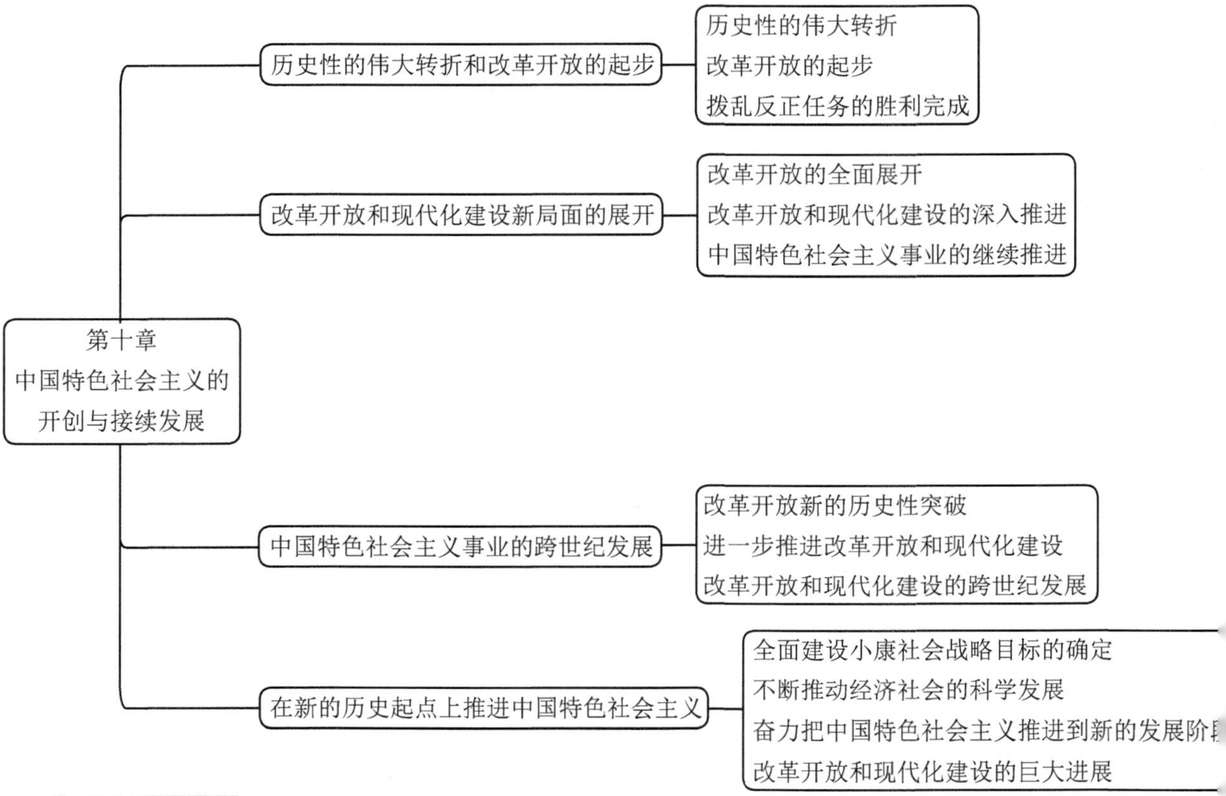

要点解析

中共十一届三中全会是新中国成立以来党的历史上具有深远意义的伟大转折。以这次全会为标志，中国进入了改革开放和社会主义现代化建设的历史新时期。中共十三大提出了社会主义初级阶段理论和党的基本路线，还提出了经济体制改革和政治体制改革的任务和目标。以邓小平南方谈话和中共十四大为标志，改革开放和现代化建设事业进入从计划经济体制向社会主义市场经济体制转变的新阶段，由此打开了中国经济、政治、文化发展的崭新局面。“三个代表”重要思想的提出，有力地推动了改革开放和现代化建设的跨世纪发展。科学发展观，立足社会主义初级阶段基本国情，总结我国发展实践，深刻认识和回答了新形势下实现什么样的发展、怎样发展等重大问题。中共十一届三中全会以来，改革开放和现代化建设取得了巨大成就。深刻认识改革开放和中国特色社会主义道路是历史的选择、人民的选择，也是本章的重点和要点。

1. “文化大革命”结束后，邓小平等党和国家领导人是如何冲破“两个凡是”的束缚的

“两个凡是”，是 1977 年 2 月 7 日在《人民日报》《红旗》杂志、《解放军报》的社论《学好文件抓住纲》中提出的，即“凡是毛主席作出的决策，我们都坚决维护，凡是毛主席的指示，我们都始终不渝地遵循。”“两个凡是”错误方针的提出，使彻底纠正“文化大革命”错误的要求和愿望遇到严重阻碍，党和国家的工作出现了在徘徊中前进的局面。为了冲破“两个凡是”的严重束缚，清除“左”的指导思想，邓小平提出要完整地、准确地理解毛泽东思想的科学体系，强调毛泽东思想的精髓就是实事求是，旗帜鲜明地提出“两个凡是”不符合马克思主义。邓小平还同叶剑英、陈云、李先念、胡耀邦等支持和领导了从 1978 年 5 月开始的关于真理标准问题的大讨论，强调实践是检验真理的唯一标准。这场讨论，是继延安整风之后又一场马克思主义思想解放运动，为冲破“两个凡是”的严重束缚，为党重新确立马克思主义的思想路线、政治路线和组织路线奠定了理论基础，成为拨乱反正和改革开放的思想先导。

2. 为什么说中共十一届三中全会是新中国成立以来的伟大历史转折

第一，全会冲破长期“左”的错误的严重束缚，彻底否定了“两个凡是”的错误方针，高度评价了关于真理标准问题的讨论，标志着中国共产党重新确立了马克思主义的思想路线。

第二，全会果断停止使用“以阶级斗争为纲”的口号，作出了把工作重点转移到社会主义现代化建设上来和实行改革开放的战略决策，标志着中国共产党重新确立了马克思主义的政治路线。

第三，全会恢复了党的民主集中制的优良传统，审查解决了历史上遗留的一批重大问题和一些重要领导人的功过是非问题，标志着中国共产党重新确立了马克思主义的组织路线。

第四，全会开始了在思想、政治、组织等领域的全面拨乱反正，形成了以邓小平为核心的党的中央领导集体，揭开了改革开放的序幕。以这次全会为标志，中国进入了改革开放和社会主义现代化建设的历史新时期。

因此，中共十一届三中全会是新中国成立以来的伟大转折。

3. 改革开放是如何起步的

中共十一届三中全会后，党和国家按照实事求是、有错必纠的原则加快了平反冤假错案的步伐。在拨乱反正基本完成的基础上，改革开放也开始起步。

经济体制的改革，首先在农村取得突破性的进展。从 1978 年开始，安徽、四川的基层干部和农民群众，在省委支持下，开始探索试行包产到组、包产到户、包干到户等多种形式的农业生产责任制，取得了很好的效果。其他一些地方也开始实行农村联产责任制。在中共中央的支持和推动下，以包产到户、包干到户为主要形式的家庭联产承包责任制，在全国各地逐渐推广开来。这期间，城市经济体制改革的探索也开始了。如逐步扩大国有企业经营自主权，把部分中央和省属企业下放给城市管理，开始实行政企分开，进行城市经济体制综合改革试点等。对外开放也迈出了较大的步伐。1980 年 5 月，中共中央决定在深圳、珠海、汕头、厦门设立经济特区，采取多种形式吸引和利用外资，学习国外的先进技术和经营管理方法。经济特区的设立，标志着对外开放迈出重要一步。

在推进经济体制改革的同时，政治体制改革和其他方面的体制改革也在向前推进：逐步废除领导干部职务实际上存在的终身制，实行干部队伍的革命化、年轻化、知识化、专业化；加强各级人民代表大会的工作，省、县两级人代会增设常设机构，县级和县级以下人民代表普遍实行由选民直接选举的制度；恢复、制定和实施了一系列重要的法律法规，加强了司法、检察和公安机关的工作。外交方面也取得重大成就。1978 年 8 月 12 日，中日两国签署了《中华人民共和国和日本国和平友好条约》。同年 10 月，邓小平访问日本，中日睦邻友好关系发展到一个新起点。1979 年 1 月 1 日，中美两国正式建立外交关系。同年 1 月，邓小平访问美国，实现了中华人民共和国领导人对美国的首次国事访问。这些外交成就，为中国进行改革开放和现代化建设提供了有利的外部条件。

4. 改革开放是怎样全面展开的

1982 年召开的中共十二大制定了社会主义现代化建设宏伟纲领。会议提出，“把马克思主义的普遍真理同我国的具体实际结合起来，走自己的道路，建设有中国特色的社会主义”。还提出了中国共产党在新的历史时期的总任务是团结全国各族人民，自力更生，艰苦奋斗，逐步实现工业、农业、国防和科学技术现代化，把我国建设成为高度文明、高度民主的社会主义国家。中共十二大以后，经济体制改革全面展开。随着农村经济的发展，大批富余劳动力逐渐从土地上转移出来，从事工业和加工业，使乡镇企业异军突起，成为农村经济的龙头。

1984 年召开的中共十二届三中全会通过了《关于经济体制改革的决定》。决定总结了新中国成立以来特别是十一届三中全会以来经济体制改革的经验，比较系统地提出和阐明了经济体制改革中的一系列重大理论和实践问题。决定突破把计划经济同商品经济对立起来的观点，指出我国社会主义经济是在公有制基础上的有计划的商品经济。决定的作出和实施，使经济体制改革以城市为重点全面展开。

在继续推进城乡改革的同时，对外开放也进一步扩大。1988 年 4 月建立海南省，将全海南岛辟为经济特区。1984 年 5 月，中共中央决定进一步开放天津、上海、大连、秦皇岛、烟台、青岛、连云港、南通、宁波、温州、福州、广州、湛江、北海 14 个沿海港口城市。1985 年 2 月，决定把长江三角洲、珠江三角洲、闽南厦（门）漳（州）泉（州）三角地区开辟为沿海经济开放区。这样，就逐步形成了“经济特区——沿海开放城市——沿海经济开放区——内地”这样一个多层次、有重点、点面结合的对外开放格局。

5. 改革开放是如何深入推进的

1987 年召开的中共十三大比较系统地阐述了关于社会主义初级阶段的理论，完整地概括了中国共产党在社会主义初级阶段“一个中心、两个基本点”的基本路线，制定了下一步经济体制改革和政治体制改革的基本任务和奋斗目标。大会强调经济体制改革和政治体制改革的目的，都是为了在中国共产党的领导下和社会主义制度下更好地发展社会生产力，充分发挥社会主义的优越性。会议正式制定了社会主义现代化建设“三步走”的战略部署：第一步，实现国民生产总值比 1980 年翻一番，解决人民的温饱问题，这个任务已经基本实现；第二步，到 20 世纪末，使国民生产总值再增长一倍，人民生活达到小康水平；第三步，到 21 世纪中叶，人均国民生产总值达到中等发达国家水平，人民生活比较富裕，基本实现现代化。

中共十二大以后的几年间，我国经济建设在改革开放中取得了重大成就，但也出现了明显的通货膨胀和物价大幅度上涨的问题。1988 年夏季，又不适当地决定全面推进物价改革，实行“闯关”，结果诱发了全国性的抢购风潮，使经济秩序陷入混乱局面。为改变严峻的经济形势，1988 年 9 月召开的中共十三届三中全会，提出把今后两年改革和建设的重点放到治理经济环境、整顿经济秩序上来，压缩社会总需求，抑制通货膨胀，整顿经济生活中特别是流通领域的各种混乱现象。中共十三届四中全会后，中共中央把一度被延误的国民经济治理整顿工作重新提上日程。1989 年 11 月，中共十三届五中全会通过《关于进一步治理整顿和深化改革的决定》，明确了治理整顿的主要目标和必须抓好的重要环节。治理整顿在实践中进展顺利，到 1990 年底就取得了明显的成效。

在治理整顿的同时，改革开放也进一步推进，推出了搞活国有大中型企业的一系列措施。在治理整顿和深化改革的推动下，到 1990 年底，“七五”计划胜利完成。1990 年 12 月召开的中共十三届七中全会通过了《关于制定国民经济和社会发展十年规划和“八五”计划的建议》。“七五”计划的胜利完成和“八五”计划的开始实施，标志着国民经济治理整顿任务全面实现。

对外工作方面，中国政府作了多方面的努力，打破了以美国为首的西方国家的“制裁”。同时，继续坚持全方位对外开放的方针。继 1985 年和 1988 年外商在华投资的两次高潮之后，在 1991 年出现了第三次外商在华投资高潮。到 1992 年，中国已同 200 多个国家和地区发展贸易、科技、文化交流与合作，赢得了更加有利的国际环境和周边环境。

6. 邓小平南方谈话的主要内容及意义是什么

1992 年 1 月 18 日至 2 月 21 日，邓小平先后视察武昌、深圳、珠海、上海等地，发表重要谈话。

谈话把对社会主义的再认识问题加以提炼，突出了解放和发展生产力、达到共同富裕这两条。邓小平强调，革命是解放生产力，改革也是解放生产力。不坚持社会主义，不改革开放，不发展经济，不改善人民生活，只能是死路一条。社会主义的本质，是解放生产力，发展生产力，消灭剥削，消除两极分化，最终达到共同富裕。

谈话坚持解放思想、实事求是的思想路线，进一步提出了“三个有利于”标准。邓小平指出，改革开放胆子要大一些，敢于试验。看准了的，就大胆地试，大胆地闯。判断的标准，应该主要看是否有利于发展社会主义社会的生产力，是否有利于增强社会主义国家的综合国力，是否有利于提高人民的生活水平。

谈话强调发展是硬道理，科学技术是第一生产力。邓小平强调，发展才是硬道理。抓住时机，发展自己，关键是发展经济。科学技术是第一生产力。

谈话对计划与市场、社会主义与市场经济的关系问题做了准确表述。邓小平指出，计划多一点还是市场多一点，不是社会主义与资本主义的本质区别。计划经济不等于社会主义，资本主义也有计划；市场经济不等于资本主义，社会主义也有市场。计划和市场都是经济手段。他强调，基本路线要管一百年，动摇不得。“右”可以葬送社会主义，“左”也可以葬送社会主义。中国要警惕“右”，但主要是防止“左”。

谈话对改革开放与惩治犯罪的关系问题做了表述。邓小平指出，中国要出问题，还是出在共产党内部。对这个问题要清醒。要坚持两手抓，一手抓改革开放，一手抓打击各种犯罪活动。这两只手都要硬。在整个改革开放过程中都要反对腐败。

谈话涉及社会主义初级阶段理论问题。邓小平强调，我们搞社会主义才几十年，还处在初级阶段。巩固和发展社会主义制度，还需要一个很长的历史阶段，需要我们几代人、十几代人，甚至几十代人坚持不懈地努力奋斗，决不能掉以轻心。社会主义经历一个长过程发展后必然代替资本主义。这是社会历史发展不可逆转的总趋势，但道路是曲折的。一些国家出现严重曲折，社会主义好像被削弱了，但人民经受锻炼，从中吸取教训，将促进社会主义向着更加健康的方向发展。

邓小平的南方谈话，在重大历史关头科学地总结了十一届三中全会以来党的基本实践和基本经验，明确回答了长期困扰和束缚人们思想的许多重大认识问题，对整个社会主义现代化建设事业产生了重大而深远的影响。南方谈话的发表，标志着中国特色社会主义道路进入一个新的发展阶段。

7. 邓小平南方谈话之后改革开放取得了哪些历史性突破

南方谈话有力地推动了新一轮改革发展浪潮。在南方谈话精神的指导下，1992 年召开的中共十四大做出了三项具有重大意义的决策：一是要求全党抓住机遇，加快发展，集中精力把经济建设搞上去；二是明确我国经济体制改革的目标是建立社会主义市场经济体制；三是确立了邓小平建设中国特色社会主义理论在全党的指导地位。以邓小平南方谈话和中共十四大为标志，改革开放和现代化建设事业进入从计划经济体制向社会主义市场经济体制转变的新阶段，由此打开了中国经济、政治、文化发展的崭新局面。

1993 年召开的中共十四届三中全会，通过了《关于建立社会主义市场经济体制若干问题的决定》，将中共十四大提出的社会主义市场经济体制改革的目标和基本原则具体化，进一步勾画了社会主义市场经济体制的基本框架，明确了国有企业改革的基本方向，成为 20 世纪 90 年代进行经济体制改革的行动纲领。从 1994 年起，按照建立现代企业制度的总体思路推进国有企业改革，进行公司制、股份制改革的试点。同时，大力推进财政、税收、金融、外贸、外汇、计划、投资、价格、流通、住房和社会保障等方面的体制改革，使市场在资源配置中的基础性作用明显增强，市场经济体制中的国家宏观调控体系框架初步建立，为国民经济和社会发展注入了新的活力。

在经济高速发展的过程中，也逐渐暴露出经济过热等问题。中共中央采取果断措施，大力加强宏观调控。1993 年 6 月制定的《中共中央、国务院关于当前经济情况和加强宏观调控的意见》，提出了以紧缩银根、整顿金融秩序为重点的 16 条重要措施。经过努力，逐步使过度投资得到控制，金融秩序迅速好转，物价涨幅明显回落，通货膨胀得到抑制，同时又保持了较高的经济发展速度，从而实现了从发展过快到“高增长、低通胀”的“软着陆”，避免了经济发展的大起大落。

1994 年初，中共中央根据党的十四大精神，立足改革发展的实际，提出了“抓住机遇、深化改革、扩大开放、促进发展、保持稳定”的基本方针，要求全党在各项工作中认真加以贯彻。同年 5 月，江泽民进一步提出：稳定是前提，改革是动力，发展是目标，三者相互促进。1995 年 9 月，江泽民在中共十四届五中全会上发表讲话，深刻阐述了要正确处理好社会主义现代化建设中的十二个重大关系。指出改革、发展、稳定的关系是总揽全局的，要把改革的力度、发展的速度和社会可承受的程度协调统一起来，做到在政治和社会稳定中推进改革和发展，在改革和发展的推进中实现政治和社会的长期稳定。1995 年，“八五”计划胜利完成，提前实现了“三步走”战略的第二步目标。1996 年 3 月召开的八届全国人大四次会议批准了《中华人民共和国国民经济和社会发展“九五”计划和 2010 年远景目标纲要》。提出要实现从传统的计划经济体制向社会主义市场经济体制、从粗放型增长方式向集约型增长方式的两个根本转变。

这一时期，对外开放也迈出了重大步伐。建立起一批经济技术开发区和保税区，开放了哈尔滨等 4 个边境、沿海省会城市和太原等 11 个内陆省会城市及一大批内陆市县。到 1997 年，中国对外开放的一类口岸达到 235 个，二类口岸达到 350 个，逐步形成了从沿海到沿江、从沿边到内陆，多层次、多渠道、多种形式的全方位对外开放的新格局。

8. 中国特色社会主义是怎样开创和接续发展的

十一届三中全会以来，以邓小平为主要代表的中国共产党人，总结新中国成立以来正反两方面的经验，解放思想，实事求是，实现全党工作中心向经济建设的转移，实行改革开放，开辟了社会主义事业发展的新时期，逐步形成了建设中国特色社会主义的路线、方针、政策，阐明了在中国建设社会主义、巩固和发展社会主义的基本问题，创立了邓小平理论。邓小平理论是马克思列宁主义的基本原理同当代中国实际和时代特征相结合的产物，是毛泽东思想在新的历史条件下的继承和发展，是马克思主义在中国发展的新阶段，是当代中国的马克思主义，是中国共产党集体智慧的结晶，引导着我国社会主义现代化事业不断前进。

十三届四中全会以来，以江泽民为主要代表的中国共产党人，高举邓小平理论伟大旗帜，准确把握时代特征，科学判断中国共产党所处的历史方位，围绕建设中国特色社会主义这个主题，集中全党智慧，以马克思主义的巨大勇气进行理论创新，逐步形成了“三个代表”重要思想这一系统的科学理论。“三个代表”指中国共产党始终代表中国先进生产力的发展要求、中国先进文化的前进方向、中国最广大人民的根本利益。“三个代表”重要思想是对马克思列宁主义、毛泽东思想、邓小平理论的继承和发展，反映了当代世界和中国的发展变化对党和国家工作的新要求，是加强和改进党的建设、推进我国社会主义自我完善和发展的强大理论武器，是党必须长期坚持的指导思想。始终做到“三个代表”，是我们党的立党之本、执政之基、力量之源。

十六大以来，以胡锦涛为主要代表的中国共产党人，坚持以邓小平理论和“三个代表”重要思想为指导，立足社会主义初级阶段基本国情，总结我国发展实践，借鉴国外发展经验，适应新的发展要求提出来的科学发展观，其第一要义是发展，核心是以人为本，基本要求是全面协调可持续，根本方法是统筹兼顾。它深刻认识和回答了新形势下实现什么样的发展、怎样发展等重大问题。科学发展观是同马克思列宁主义、毛泽东思想、邓小平理论、“三个代表”重要思想既一脉相承又与时俱进的科学理论，是马克思主义关于发展的世界观和方法论的集中体现，是马克思主义中国化的重大成果，是中国共产党集体智慧的结晶，成为发展中国特色社会主义必须坚持和贯彻的重大战略思想。

十八大以来，以习近平为主要代表的中国共产党人，顺应时代发展，从理论和实践结合上系统回答了新时代坚持和发展什么样的中国特色社会主义、怎样坚持和发展中国特色社会主义这个重大时代课题，创立了习近平新时代中国特色社会主义思想。习近平新时代中国特色社会主义思想是对马克思列宁主义、毛泽东思想、邓小平理论、“三个代表”重要思想、科学发展观的继承和发展，是马克思主义中国化的最新成果，是党和人民实践经验和集体智慧的结晶，是中国特色社会主义理论体系的重要组成部分，是全党全国人民为实现中华民族伟大复兴而奋斗的行动指南，必须长期坚持并不断发展。在习近平新时代中国特色社会主义思想指导下，中国共产党领导全国各族人民，统揽伟大斗争、伟大工程、伟大事业、伟大梦想，推动中国特色社会主义进入了新时代。

9. 中共十一届三中全会以来，改革开放和现代化建设取得了哪些成就

第一，国民经济保持持续快速健康发展，人民生活总体上达到小康水平，现代化建设事业稳步推进，综合国力和国际竞争力显著提高。从 1978 年到 2012 年，中国国内生产总值持续增长。2010 年，中国经济总量上升为世界第二。中国依靠自己的力量稳定解决了 13 亿人口的吃饭问题。国家先后启动了东部地区率先发展战略、西部大开发战略、东北等老工业基地振兴战略和中部地区崛起战略，激发了各大经济区域的发展活力。积极推进城镇化，城镇化率不断提高。国家创新体系、科技基础设施和自主创新能力建设得到加强。人民生活总体上实现了由温饱到小康的历史性跨越。

第二，社会主义市场经济体制初步建立并不断完善，各项改革事业取得重大进展。社会主义市场经济体制初步建立并日益完善，更具活力、更加开放的经济体系正在形成。确立了以公有制为主体、多种所有制经济共同发展这一社会主义初级阶段的基本经济制度，实行以按劳分配为主体、多种分配方式并存的基本分配制度。财税、金融、流通、住房、医疗、教育等改革不断深化。国有企业改革稳步推进。

第三，全方位对外开放取得新突破，形成全方位、多层次、宽领域的对外开放格局。2001 年 12 月 11 日中国加入世界贸易组织后，对外贸易进入了新的发展阶段。到 2012 年，中国外贸进出口总额已跃居世界第二，其中出口额跃居世界第一位，进出口结构优化，贸易大国地位得到进一步巩固。外汇储备跃居世界第一，对外投资大幅增长。中国经济对世界经济增长的贡献率不断提升。在“引进来”的同时，也加快实施“走出去”战略。中国已跻身对外投资大国行列。

第四，社会主义民主政治建设取得重要进展。人民代表大会制度、中国共产党领导的多党合作和政治协商制度，进一步健全和完善。更好地发挥了全国人大作为国家最高权力机关的作用，促进政治协商进一步制度化、规范化，促使广泛的爱国统一战线继续得到巩固和发展。以农村村民委员会、城市居民委员会和企业职工代表大会为主要内容的基层民主自治体系开始形成。社会主义法制建设取得显著成就。以宪法为基础的中国特色社会主义法律体系在逐步完备。社会治安综合治理取得新成效。

第五，社会主义精神文明建设成效显著。坚持用马克思主义中国化的最新成果武装全党、教育人民，大力推进马克思主义理论研究和建设工程，努力繁荣和发展哲学社会科学。全国城乡广泛开展爱国主义、集体主义、社会主义教育。建设中国特色社会主义的共同理想形成广泛共识。教育、科学、文化等各项事业取得长足的进步。文化体制改革不断深化，文化事业和文化产业繁荣发展，国家对文化事业的投入加大。促进公共文化服务体系建设，推进全国文化信息资源共享工程，提高农村广播电视"村村通"水平，加强文化基础设施建设。

第六，民族政策和宗教政策得到全面贯彻。认真坚持实行民族区域自治制度，积极支持各少数民族参与管理国家事务，充分行使宪法和法律赋予的各项自治权利，自主管理本地区、本民族的内部事务，形成了中华各族人民团结奋斗、共同繁荣发展的良好局面。在中央政府大力支持下，民族自治地方经济迅速发展。尊重和保护各民族宗教信仰自由，积极引导宗教与社会主义社会相适应。

第七，推进国防和军队建设。坚持以新时期军事战略方针为统揽，以推进中国特色军事变革为主线，以军事斗争准备为龙头，按照建设信息化军队、打赢信息化战争的战略目标，全面推进国防和军队现代化建设。

第八，祖国统一大业取得重大进展。1997 年和 1999 年香港、澳门相继回归祖国，祖国统一大业进入新的发展阶段。中央政府严格实行"一国两制""港人治港""澳人治澳"、高度自治的方针，保持了香港和澳门特别行政区的繁荣与稳定。祖国大陆同台湾的经济文化交流和人员往来不断发展，反对"台独"等各种分裂图谋的斗争深入发展。通过长期不懈地努力，两岸直接双向"三通"基本实现，开创了两岸关系和平发展的新局面。

第九，积极开展全方位外交。中国政府坚持高举和平、发展、合作的旗帜，坚持独立自主的和平外交政策，坚定不移地走和平发展的道路，致力于建设一个持久和平、共同繁荣的和谐世界，全方位地开展对外工作。中国的国际影响日益扩大，国际地位显著提高，在国际社会发挥着重要的作用。截至 2011 年 7 月，中国已同 172 个国家建立了外交关系。在睦邻、安邻、富邻政策的指导下，同周边国家的睦邻友好关系日益加强。努力推动南南合作和南北对话，进一步巩固同广大发展中国家的传统友好合作关系。向亚洲、非洲最不发达国家提供了优惠关税待遇，并减免了几十个亚非发展中国家的债务；积极推动建立中国同非洲国家和阿拉伯国家的合作论坛。顺利建成中国—东盟自由贸易区，推动上海合作组织等区域合作机制发展，同新兴国家合作取得重大实质性进展。还积极参与应对国际金融危机、气候变化等全球性问题的国际合作，积极开展公共外交。

第十，全面推进党的建设新的伟大工程。在改革开放和现代化建设的进程中，逐步形成了以全面推进党的建设新的伟大工程来推动中国特色社会主义伟大事业发展的格局。

学习检测

一、单项选择题

1. 邓小平在 1979 年 3 月的理论工作务虚会上明确提出，必须坚持（　　）。

A. “一个中国”的原则　　B. “两手抓、两手都要硬”的方针

C. “三个有利于”的标准　　D. 四项基本原则

2. 邓小平明确提出“建设中国特色社会主义”是在（　　）。

A. 中共十一届三中全会　　B. 中共十二大

C. 中共十二届三中全会　　D. 中共十三大

3. 1984 年，中共十二届三中全会通过的重要文件是（　　）。

A.《关于加快农业发展若干问题的决定》

B.《关于教育体制改革的决定》

C.《关于科技体制改革的决定》

D.《关于经济体制改革的决定》

4. 中国共产党第一次明确概括社会主义初级阶段基本路线的会议是（　　）。

A. 中共十二大　　B. 中共十三大　　C. 中共十四大　　D. 中共十五大

5. 1988 年，中共中央和国务院决定建立的经济特区是（　　）。

A. 海南经济特区　　B. 珠海经济特区　　C. 厦门经济特区　　D. 深圳经济特区

6. 中国对香港恢复行使主权的时间是（　　）。

A.1997 年 7 月 1 日　　B.1998 年 7 月 1 日

C.1998 年 12 月 20 日　　D.1999 年 12 月 20 日

7. 中国共产党将邓小平理论同马克思列宁主义、毛泽东思想一道确立为党的指导思想的会议是（　　）。

A. 中共十四大　　B. 中共十五大　　C. 中共十六大　　D. 中共十七大

8. 1999 年 12 月，中国在推进国家统一大业方面迈出的重要一步是（　　）。

A. 海峡两岸达成“九二共识”　　B. 海峡两岸举行“汪辜会谈”

C. 恢复对香港行使主权　　D. 恢复对澳门行使主权

9. 2004 年 9 月，中共十六届四中全会提出的战略任务是（　　）。

A. 建立社会主义市场经济体制　　B. 全面建设小康社会

C. 建设社会主义新农村　　D. 构建社会主义和谐社会

10. 中国的社会生产力在改革开放后迅速发展，到 2010 年经济总量已居世界（　　）。

A. 第二　　B. 第三　　C. 第四　　D. 第五

11. 1977 年 2 月提出的错误方针（　　），使彻底纠正“文化大革命”错误的要求和愿望遇到严重阻碍。

A.“以阶级斗争为纲”　　B.“三支两军”　　C.“两个凡是”　　D.“反右倾”

12. 2003 年上半年，我国经受了一场抗击（　　）疫情的严峻考验。

A. 甲流　　B. 非典　　C. 乙肝　　D. 霍乱

13. 2008 年 9 月，（　　）载人飞船航天任务顺利完成，中国首次实现太空出舱作业。

A. 神舟五号　　B. 神舟七号　　C. 天宫一号　　D. 天宫二号

14. 20 世纪 80 年代中期以来，已经完成三次大规模裁军，共裁减军队员额（　　）万。

A.50　　B.80　　C.100　　D.170

15. 2010 年，中国人口平均预期寿命达到（　　）。

A.70.65 岁　　B.72.65 岁　　C.74.83 岁　　D.78.0 岁

二、多项选择题

1. 以下属于中共十一届三中全会主要内容的是（　　）。

A. 高度评价了关于真理标准问题的讨论

B. 彻底否定了“两个凡是”的错误方针

C. 决定把工作重点转移到现代化建设上来

D. 决定把建立社会主义市场经济体制作为我国经济体制改革的目标

2. 中共十一届三中全会的深远历史意义主要体现在（　　）。

A. 结束了粉碎“四人帮”后党和国家的工作在徘徊中前进的局面

B. 开始了党在思想、政治、组织等领域的全面拨乱反正

C. 形成了以邓小平为核心的中共中央领导集体

D. 揭开了改革开放的历史序幕

3. 1978 年以后，我国在调整对外政策、改善外部关系方面取得的成就有（　　）。

A. 中日建交　　B. 中美建交

C. 中日签署和平友好条约　　D. 中国领导人访问日美两国

4. 1980 年 5 月，中共中央决定设立的经济特区有（　　）。

A. 深圳经济特区　　B. 珠海经济特区　　C. 汕头经济特区　　D. 厦门经济特区

5. 1987 年召开的中共十三大提出了（　　）。

A. 社会主义初级阶段的理论

B. 党在社会主义初级阶段的基本路线

C. 社会主义现代化建设“三步走”的发展战略

D. 党在社会主义初级阶段的基本纲领

6. 1992 年，邓小平同志在视察南方的谈话中阐述了一系列重要思想，其中有（　　）。

A. 关于改革党和国家领导制度的思想　B. 关于社会主义本质的思想

C. 关于计划和市场都是经济手段的思想　D. 关于发展才是硬道理的思想

7. 1998 年 11 月，中共中央决定在县级以上党政领导班子和干部中开展的“三讲”教育是（　　）。

A. 讲学习　B. 讲纪律　C. 讲政治　D. 讲正气

8. 20 世纪 90 年代后期，中国改革开放和现代化建设经受的风险考验包括（　　）。

A. 亚洲金融危机的爆发　B. 历史上罕见洪涝灾害的发生

C. 北约袭击中国驻南斯拉夫使馆　D. “法轮功”邪教组织非法聚众闹事

9. 构建社会主义和谐社会战略思想提出后，中国特色社会主义事业的总体布局包括（　　）。

A. 经济建设　B. 政治建设　C. 文化建设　D. 社会建设

10. 社会主义和谐社会的主要特征包括（　　）。

A. 民主法治　B. 公平正义　C. 诚信友爱　D. 充满活力

11. 1981 年 6 月，中共十一届六中全会通过了《关于建国以来党的若干历史问题的决议》，对毛泽东思想的科学体系和活的灵魂，即（　　）、（　　）、（　　）作了概括。

A. 实事求是　B. 自力更生　C. 群众路线　D. 独立自主

12. 1984 年 5 月，中共中央决定进一步开放的 14 个沿海港口城市包括（　　）。

A. 天津　B. 威海　C. 宁波　D. 福州

13. 1986 年 9 月，中共十二届六中全会通过了《关于社会主义精神文明建设指导方针的决议》，提出培养社会主义公民的基本要求包括（　　）。

A. 有理想　B. 有道德　C. 有文化　D. 有素质

14. 1996 年 10 月，中共十四届六中全会作出了《关于加强社会主义精神文明建设若干重要问题的决议》，对新形势下的精神文明建设作出了具体部署和规划，强调要（　　）。

A. 以科学的理论武装人　B. 以正确的舆论引导人

C. 以高尚的精神塑造人　D. 以优秀的作品鼓舞人

15. 1998 年 10 月召开的中共十五届三中全会，通过了《中共中央关于农业和农村工作若干重大问题的决定》，进一步推动解决“三农”问题。“三农”是指（　　）。

A. 农业　B. 农村　C. 农田　D. 农民

16. 1979 年，针对当时存在的是否还要坚持毛泽东思想的问题，邓小平指出：“有些同志说，我们只拥护‘正确的毛泽东思想’，而不拥护‘错误的毛泽东思想’，这种说法也是错误的。”“这种说法”之所以错误，是因为（　　）。

A. 没有把毛泽东思想与毛泽东的思想区分开

B. 没有把毛泽东思想与中国特色社会主义理论区分开

C. 没有把毛泽东晚年的错误与毛泽东思想的科学体系区分开

D. 没有把毛泽东与党的其他领导人对毛泽东思想的贡献区分开

——该题出自“2015 年硕士研究生入学考试政治试题”第 29 题

17. 1992 年初，在关乎中国改革开放和社会主义现代化建设前途命运的关键时刻，邓小平在视察武昌、深圳、珠海、上海等地时，发表了重要谈话。谈话的主要内容有（　　）。

A. 革命是解放生产力，改革也是解放生产力

B. 不坚持社会主义，不改革开放，不发展经济，不改善人民生活，只能是死路一条

C. 走社会主义道路，就是要逐步实现共同富裕

D. 计划多一点还是市场多一点，不是社会主义与资本主义的本质区别

——该题出自“2016 年硕士研究生入学考试政治试题”第 29 题

18. 1978 年 12 月 18 日到 22 日，党的十一届三中全会在北京召开，会议的主要任务是确定把全党工作重点转移到社会主义现代化建设上来。这次全会是新中国成立以来党的历史上具有深远意义的伟大转折，全会结束了粉碎“四人帮”后的两年党和国家工作在徘徊中前进的局面，标志着中国共产党（　　）。

A. 揭开了社会主义改革开放的序幕

B. 开始了在思想、政治、组织等领域的全面拨乱反正

C. 形成了以邓小平为核心的党的中央领导集体

D. 重新确立了马克思主义的思想路线、政治中缝、组织路线

——该题出自“2017 年硕士研究生入学考试政治试题”第 29 题

19. 我国经济体制的改革首先在农村取得突破性进展。党的十一届三中全会曾指出：“我国农业近二十年来的发展速度不快，它同人民的需要和四个现代化的需要之间存在着极其尖锐的矛盾。”当时我国农业和农村经济发展面临的主要问题有（　　）。

A. 农民的温饱问题尚未完全解决

B. 农村的土地改革尚未完成

C. 人民公社体制亟待改革

D. 乡镇企业管理体制亟待改革

——该题出自“2019 年硕士研究生入学考试政治试题”第 29 题

三、判断题

1. 中共十一届三中全会的召开标志着中国进入了改革开放的新时期。

2. 中共十一届三中全会结束后，关于真理标准问题的大讨论在全国展开。

3. 1987 年召开的中国共产党第十三次全国代表大会明确提出，我国经济体制改革的目标是建立社会主义市场经济体制。

4. 2001 年 12 月 11 日，中国正式加入世界贸易组织，标志着中国的对外开放进入一个新阶段。

5. 2006 年 10 月，中共十六届六中全会审议通过了《中共中央关于构建社会主义和谐社会若干重大问题的决定》，决定首次将“和谐”列入现代化建设的奋斗目标。

四、材料分析题

结合材料回答问题

材料 1：1980 年 8 月，邓小平会见意大利记者奥琳娜•法拉奇。法拉奇问：“天安门上的毛主席像，是否要永远保留下去？”邓小平回答说：“永远要保留下去。过去毛主席像太多，到处都是，并不是一种严肃的事情，也并不能表明对毛主席的尊重。”邓小平又说：“毛主席一生中大部分时间是做了非常好的事情的，他多次从危机中把党和国家挽救过来，没有毛主席，至少我们中国人民还要在黑暗中摸索更长的时间。毛主席最伟大的功绩是把马列主义的原理同中国革命的实际结合起来，指出了中国夺取革命胜利的道路，应该说，在六十年代以前或五十年代后期以前，他的许多思想给我们带来了胜利，他提出的一些根本的原理是非常正确的。”

——摘自《邓小平文选》第 2 卷

材料 2：2013 年 1 月 5 日，习近平在新进中央委员会的委员、候补委员学习贯彻党的十八大精神研讨班开班式上发表重要讲话。他强调指出，我们党领导人民进行社会主义建设，有改革开放前和改革开放后两个时期，这是两个相互联系又有重大区别的时期，虽然这两个历史时期在进行社会主义建设的思想指导、方针政策、实际工作上有很大差别，但两者绝不是彼此割裂的，更不是根本对立的，不能用改革开放后的历史时期否定改革开放前的历史时期，也不能用改革开放前的历史时期否定改革开放后的历史时期。要坚持实事求是的思想路线，分清主流和支流，坚持真理，修正错误，发扬经验，吸取教训，在这个基础上把党和人民事业继续推向前进。

——摘自《人民日报》（2013 年 1 月 6 日）

（1）1980 年，邓小平为什么强调天安门上的毛主席像“永远要保留下去”？

（2）如何理解习近平总书记提出的“两个不能否定”的深刻内涵及其意义？

——该题出自“2014 年硕士研究生入学考试政治试题”第 36 题

参考答案

一、单项选择题

1.D 2.B 3.D 4.B 5.A 6.A 7.B 8.D 9.D 10.A 11.C 12.B 13.B 14.D 15.C

二、多项选择题

1.ABC 2.ABCD 3.BCD 4.ABCD 5.ABC 6.BCD 7.ACD 8.ABCD 9.ABCD 10.ABCD 11.ACD 12.ACD 13.ABC 14.ABCD 15.ABD 16.AC 17.ABCD 18.ABCD 19.AC

三、判断题

1. √ 2.× 3.× 4. √ 5. √

四、材料分析题

（1）毛泽东同志是伟大的无产阶级革命家、战略家和理论家。他虽然在晚年犯了严重错误，但是就他的一生来看，他对中国革命的功绩远远大于他的过失。他的功绩是第一位的，错误是第二位的。他为中国共产党和中国人民解放军的创立和发展，为中国各族人民解放事业的胜利，为中华人民共和国的缔造和中国社会主义事业的发展，建立了永远不可磨灭的功勋。毛泽东思想是马克思列宁主义在中国的运用和发展，是被实践证明了的关于中国革命和建设的正确的理论原则和经验总结，是中国共产党集体智慧的结晶。

（2）中国共产党领导人民进行社会主义建设，有改革开放前和改革开放后两个历史时期，这是两个相互联系又有重大区别的时期，但本质上都是中国共产党领导人民进行社会主义建设的实践探索。中国特色社会主义是在改革开放历史新时期开创的，但也是在新中国已经建立起社会主义基本制度，并进行了二十多年建设的基础上开创的。虽然这两个历史时期在进行社会主义建设的思想指导、方针政策、实际工作上有很大差别，但两者绝不是彼此割裂的，更不是根本对立的。改革开放前的社会主义实践探索为改革开放后的社会主义实践探索积累了条件，改革开放后的社会主义实践探索是对前一个时期的坚持、改革、发展。不能用改革开放后的历史时期否定改革开放前的历史时期，也不能用改革开放前的历史时期否定改革开放后的历史时期。“两个不能否定”体现了党在新的历史时期对当前国际形势、国内发展所面临的形势作出的又一个准确务实的判断和清晰的论述。

第十一章　中国特色社会主义进入新时代

知识图谱

- 第十一章 中国特色社会主义进入新时代
  - 开拓中国特色社会主义更为广阔的发展前景
    - 全面建成小康社会目标的确定
    - 实现民族复兴中国梦的提出
    - 统筹推进“五位一体”总体布局
    - 协调推进“四个全面”战略布局
  - 党和国家事业的历史性成就和历史性变革
    - 极不平凡的五年
    - 新时代中国与世界关系的历史性变化
  - 夺取新时代中国特色社会主义伟大胜利
    - 在新时代坚持和发展中国特色社会主义
    - 更好地发挥宪法在新时代坚持和发展中国特色社会主义中的重大作用
    - 推进国家治理体系和治理能力现代化
    - 齐心协力走向中华民族伟大复兴的光明前景

要点解析

中共十八大的召开，标志着中国已经进入全面建成小康社会的决定性阶段，开启了中国特色社会主义新时代。中共十八大以来，中共中央统筹推进“五位一体”总体布局，提出并形成了全面建成小康社会、全面深化改革、全面依法治国、全面从严治党的战略布局，提出一系列具有鲜明中国特色的全球治理观，引领中国特色社会主义各项事业蓬勃发展，不断为人类作出更大贡献。中共十九大的召开，确立了习近平新时代中国特色社会主义思想的历史地位，明确坚持和发展中国特色社会主义，总任务是实现社会主义现代化和中华民族伟大复兴，对推进新时代中国特色社会主义伟大事业作出了具体部署。深刻领会习近平新时代中国特色社会主义思想的内涵、意义和历史地位，是本章的重点和要点。

1. 中共十八大对全面建成小康社会的目标提出哪些新要求

2012 年 11 月 8 日至 14 日，中国共产党第十八次全国代表大会在北京举行。大会提出要在党的十六大、十七大确立的全面建设小康社会目标的基础上努力实现新的要求，即经济持续健康发展，人民民主不断扩大，文化软实力显著增强，人民生活水平全面提高，资源节约型、环境友好型社会建设取得重大进展，确保到2020年实现全面建成小康社会的目标。大会强调，全面建成小康社会，必须不失时机深化重要领域改革，构建系统完备、科学规范、运行有效的制度体系，使各方面制度更加成熟更加定型。

中共十八大的召开，标志着中国已经进入全面建成小康社会的决定性阶段，开启了中国特色社会主义新时代。

2. 实现中华民族伟大复兴的中国梦是怎样提出的，要如何实现

中共十八大结束不久，习近平在参观“复兴之路”展览时明确提出，实现全面建成小康社会目标是实现中华民族伟大复兴中国梦的关键一步。2013年3月17日，习近平在十二届全国人大第一次会议上进一步强调，实现全面建成小康社会、建成富强民主文明和谐的社会主义现代化国家的奋斗目标，实现中华民族伟大复兴的中国梦，就是要实现国家富强、民族振兴、人民幸福。

实现中国梦必须走中国道路。中国特色社会主义道路，是在改革开放40年的伟大实践中走出来的，是在中华人民共和国成立70年的持续探索中走出来的，是在对近代以来170多年中华民族发展历程的深刻总结中走出来的，是在对中华民族5000多年悠久文明的传承中走出来的，具有深厚的历史渊源和广泛的现实基础。

实现中国梦必须弘扬中国精神。中国精神是凝心聚力的兴国之魂、强国之魂。爱国主义始终是中华民族坚强团结在一起的精神力量，改革创新始终是鞭策我们在改革开放中与时俱进的精神力量。

实现中国梦必须凝聚中国力量。中国梦是民族的梦，也是每个中国人的梦。生活在我们伟大祖国和伟大时代的中国人民，共同享有人生出彩的机会，共同享有梦想成真的机会，共同享有同祖国和时代一起成长与进步的机会。全国各族人民一定要牢记使命，心往一处想，劲往一处使，用13亿人的智慧和力量汇集起不可战胜的磅礴力量。

3. 如何统筹推进“五位一体”总体布局

中共十八大以来，中共中央统筹推进“五位一体”总体布局，提出一系列新理念、新思想、新战略，引领中国特色社会主义各项事业蓬勃发展。

第一，主动适应和引领经济发展新常态。中共十八大后，我国发展面临的国际国内环境复杂严峻，全球经济复苏曲折乏力，国内经济下行压力持续加大，多重困难和挑战相互交织。中共中央加强和改善党对经济工作的领导，坚持稳中求进工作总基调，保持宏观政策连续性和稳定性，创新宏观调控思路和方式，有针对性地进行预调微调，扎实做好各项工作，实现了经济社会持续稳步发展。中国经济发展的一个重大变化是进入新常态，即：从高速增长转为中高速增长；经济结构不断优化升级；从要素驱动、投资驱动转向创新驱动。党和政府科学研判我国经济发展的阶段性特征，主动适应和引领经济发展新常态。同时推进供给侧结构性改革，来适应和引领经济发展新常态。

第二，发展社会主义民主政治。坚持发挥中国共产党总揽全局、协调各方的领导核心作用，提高党的科学执政、民主执政、依法执政水平，保证党领导人民有效治理国家。毫不动摇坚持人民代表大会制度，与时俱进完善人民代表大会制度，推动人大工作迈出新步伐、迈上新台阶。坚持和完善中国共产党领导的多党合作和政治协商制度。坚持和完善民族区域自治制度，强调坚持统一和自治相结合、民族因素和区域因素相结合。坚持和完善基层群众自治制度，发展基层民主，保障人民依法直接行使民主权利。正确处理一致性和多样性关系，做好新形势下的统一战线工作。保持和增强党的群团工作和群团组织的政治性、先进性、群众性，开创党的群团工作新局面。

第三，发展中国特色社会主义文化。中共中央明确提出巩固马克思主义在意识形态领域的指导地位、巩固全党全国人民团结奋斗的共同思想基础的根本任务，强调宣传思想工作一定要把围绕中心、服务大局作为基本职责；文艺工作必须坚持以人民为中心的创作导向，坚持为人民服务、为社会主义服务的根本方向；新闻舆论工作要坚持正确政治方向，创新方法手段，切实提高党的新闻舆论传播力、引导力、影响力、公信力；网络安全和信息化工作要推进网络强国建设，推动我国网信事业发展，让互联网更好地造福国家和人民；要结合中国特色社会主义伟大实践，加快构建中国特色哲学社会科学。培育和践行社会主义核心价值观。大力加强理想信念教育，弘扬中华优秀传统文化、革命文化、社会主义先进文化。弘扬以爱国主义为核心的民族精神。推进文化体制改革，建设公共文化服务网络。强调把社会效益放在首位，实现社会效益和经济效益相统一；强调文化企业绝不能把市场占有率、收视率、票房和发行量作为唯一标准，不能成为市场的“奴隶”；注重把构建两效统一的体制机制作为制度设计的关键环节和考核评价的重要标准。坚持“重心下移、共建共享”，实现基本公共文化服务标准化、均等化，建设覆盖城乡的国家、省、市、县、乡、村（社区）六级公共文化服务网络。

第四，在发展中保障和改善民生。把增进人民福祉、促进人的全面发展作为一切工作的出发点和落脚点，要坚持人民主体地位，顺应人民群众对美好生活的向往，从人民群众最关心、最直接、最现实的利益问题入手，统筹做好教育、就业、收入分配、社会保障、医疗卫生等各领域民生工作。不断促进教育发展成果更多更公平惠及全体人民。深化考试招生制度等教育综合改革，加快推进中西部教育发展，加大对革命老区、民族地区、边远地区、贫困地区基础教育的投入力度。统筹推进世界一流大学和一流学科建设，以提升我国高等教育综合实力和国际竞争力。多渠道创造就业机会。精准发力抓好就业工作。加大就业支持力度，统筹推进就业岗位创造和就业质量提高。促进社会公平正义，让广大人民群众共享改革发展成果。深化收入分配制度改革，把落实收入分配制度、增加城乡居民收入、缩小收入分配差距、规范收入分配秩序作为重要任务，狠抓落实；逐步建立社会公平保障体系，强调司法是维护社会公平的最后一道防线。坚持全覆盖、保基本、多层次、可持续发展，加强城乡社会保障体系建设。继续完善养老保险转移接续办法，提高统筹层次；加快推进住房保障和供应体系建设，重点发展公共租赁住房；推动形成城乡基本公共服务均等化体制机制。加快推进健康中国建设。把人民健康放在优先发展的战略地位，努力全方位、全周期保障人民健康。加强和创新社会治理，完善中国特色社会主义社会治理体系。加快推进户籍制度改革，坚持自愿、分类、有序方针，推进农业转移人口市民化；以保障和改善民生为优先方向，创新农村社会治理、城市社区治理。切实维护包括食品药品安全在内的公共安全，切实维护社会稳定，着力建设平安中国。

第五，建设美丽中国。贯彻新发展理念，坚持节约资源和保护环境的基本国策，坚持节约优先、保护优先、自然恢复为主的方针，强调“绿水青山就是金山银山”，推动形成绿色发展方式和生活方式。坚持山水林田湖是一个生命共同体，按照系统工程的思路，全方位、全地域、全过程开展生态环境保护建设。完善生态文明制度体系，用最严格的制度、最严密的法治保护生态环境。强化公民环境意识。加强生态文明宣传教育，增强全民节约意识、环保意识、生态意识，倡导弘扬“牢记使命、艰苦创业、绿色发展”的塞罕坝精神，营造爱护生态环境的良好风气。积极参与国际合作。中国率先签署全球合作应对气候变化的《巴黎协定》，倡议二十国集团发表首份气候变化问题主席声明；认真落实气候变化领域南南合作政策承诺，设立200亿人民币的中国气候变化南南合作基金，支持发展中国家应对气候变化挑战，同世界各国携手共建生态良好的地球美好家园。

4. 如何协调推进“四个全面”战略布局

中共十八大以来，中共中央从坚持和发展中国特色社会主义全局出发，提出并形成了全面建成小康社会、全面深化改革、全面依法治国、全面从严治党的战略布局。

第一，推动全面深化改革。2013年11月，中共十八届三中全会审议通过《中共中央关于全面深化改革若干重大问题的决定》，勾画了到2020年全面深化改革的时间表、路线图。《决定》阐述了全面深化改革的重大意义、指导思想、总体思路，指出全面深化改革的总目标，是“完善和发展中国特色社会主义制度，推进国家治理体系和治理能力现代化”。要求“坚持社会主义市场经济改革方向，以促进社会公平正义、增进人民福祉为出发点和落脚点，进一步解放思想、解放和发展社会生产力、解放和增强社会活力”，让发展成果更多惠及全体人民；强调全面深化改革需要更加注重改革的系统性、整体性、协同性，加强顶层设计和整体谋划。改革进入新的发展阶段，要求到2020年，在重要领域和关键环节改革上取得决定性成果。《决定》还从经济、政治、文化、社会、生态文明、国防和军队六个方面，具体部署了全面深化改革的主要任务和重大举措。决定强调，经济体制改革是全面深化改革的重点，要坚持和完善公有制为主体、多种所有制经济共同发展的基本经济制度；处理好政府和市场的关系，使市场在资源配置中起决定性作用和更好发挥政府作用。全面深化改革，必须加强和改善党的领导，充分发挥党总揽全局、协调各方的领导核心作用。

第二，推进全面依法治国。2014 年 10 月，中共十八届四中全会审议通过了《中共中央关于全面推进依法治国若干重大问题的决定》。《决定》阐述了全面推进依法治国的重大意义、指导思想、总目标、基本原则。决定提出，全面推进依法治国，总目标是建设中国特色社会主义法治体系，建设社会主义法治国家。实现这个总目标，必须坚持中国共产党的领导，坚持人民主体地位，坚持法律面前人人平等，坚持依法治国和以德治国相结合，坚持从中国实际出发。《决定》指出，党的领导是中国特色社会主义最本质的特征，是社会主义法治的根本保证。坚持党的领导，是中国特色社会主义法治道路的核心要义。《决定》对科学立法、严格执法、公正司法、全民守法进行了论述和部署。《决定》提出，必须完善以宪法为核心的中国特色社会主义法律体系、加强宪法实施。建议将每年 12 月 4 日定为国家宪法日；提出建立宪法宣誓制度，凡经人大及其常委会选举或者决定任命的国家工作人员正式就职时公开向宪法宣誓。《决定》要求，深入推进依法行政，加快建设法治政府，各级政府必须坚持在党的领导下、在法治轨道上开展工作。《决定》还阐明了加强法治工作队伍建设、加强和改进党对全面推进依法治国的领导等。

第三，推进全面建成小康社会。2015 年 10 月，中共十八届五中全会审议通过了《中共中央关于制定国民经济和社会发展第十三个五年规划的建议》。全会提出了全面建成小康社会新的目标要求。2016 年 3 月，十二届全国人大四次会议通过了《中华人民共和国关于国民经济和社会发展第十三个五年规划纲要的决议》，明确了 2016-2020 年经济社会发展宏伟目标、主要任务和重大举措。全面建成小康社会，最艰巨最繁重的任务在农村，特别是在贫困地区。2015 年 11 月，中共中央召开扶贫开发工作会议，提出坚持精准扶贫、精准脱贫，坚决打赢脱贫攻坚战，确保到 2020 年所有贫困地区和贫困人口同全国人民一道迈入全面小康社会。

第四，推进全面从严治党。中共十八大以来，中共中央全面加强党的领导和党的建设，采取全方位、高标准的管党治党举措，开创全面从严治党的新局面。2012 年 12 月，中共中央政治局审议通过了关于改进工作作风、密切联系群众的“八项规定”，要求各级党政机关和领导干部带头改进工作作风，带头深入基层调查研究，带头密切联系群众，带头解决实际问题等；并且强调，抓作风建设，首先要从中央政治局做起。2013 年 5 月，中共中央发布《关于在全党深入开展党的群众路线教育实践活动的意见》。教育实践活动以为民、务实、清廉为主要内容，活动全过程要贯穿“照镜子、正衣冠、洗洗澡、治治病”总要求，着力解决形式主义、官僚主义、享乐主义和奢靡之风这“四风”问题。2014 年 3 月，习近平在十二届全国人大二次会议期间提出，各级领导干部都要树立和发扬“三严三实”，既严以修身、严以用权、严以律己，又谋事要实、创业要实、做人要实。2015 年 4 月，县处级以上领导干部“三严三实”的专题教育陆续展开。2016 年 2 月，“学党章党规、学系列讲话，做合格党员”（简称“两学一做”）学习教育在全体党员中有序开展。在党风建设取得成效的同时，中共中央坚持以零容忍态度惩治腐败，坚持“老虎”“苍蝇”一起打，形成对腐败的高压态势，持续遏制不正之风和腐败现象蔓延势头。强化党内监督，把巡视作为党内监督战略性制度安排；同时健全追逃追赃协调机制，强化与有关国家、地区的司法协助和执法合作。为了有效推进反腐斗争，中央还提出应当建立健全惩治和预防腐败体系、加强反腐倡廉教育和廉政文化建设。2016 年 10 月召开的中共十八届六中全会审议通过了《关于新形势下党内政治生活的若干准则》和《中国共产党党内监督条例》。明确以习近平为党中央的核心、全党的核心。号召全党同志牢固树立政治意识、大局意识、核心意识、看齐意识，坚定不移维护党中央权威和党中央集中统一领导，确保党团结带领人民不断开创中国特色社会主义事业新局面。

5. 中共十八大以来，党和国家事业发生了怎样的历史性变革

党的十八大以来，以习近平同志为核心的党中央提出一系列新理念新思想新战略，出台一系列重大方针政策，推出一系列重大举措，推进一系列重大工作，解决了许多长期想解决而没有解决的难题，办成了许多过去想办而没有办成的大事，推动党和国家事业取得了全方位的、开创性的历史性成就，发生了深层次的、根本性的历史性变革。主要表现在以下方面：

第一，经济建设取得重大成就。经济保持中高速增长，综合国力和国际影响力显著提升，经济总量稳居世界第二位，对世界经济增长贡献率超过 30%。供给侧结构性改革深入推进，经济结构不断优化。消费贡献率和服务业比重不断上升，成为经济增长主动力。农业现代化稳步推进。城镇化率不断提高。区域发展协调性增强，“一带一路”建设、京津冀协同发展、长江经济带发展成效显著。创新驱动发展战略大力实施，创新型国家建设成果丰硕。南海岛礁建设积极推进。开放型经济新体制逐步健全，对外贸易、对外投资、外汇储备稳居世界前列。

第二，全面深化改革取得重大突破。蹄疾步稳推进全面深化改革，坚决破除各方面体制机制弊端。改革全面发力、多点突破、纵深推进，着力增强改革系统性、整体性、协同性，加大拓展改革广度和深度。推出 1500 多项改革举措，简政放权、放管结合、优化服务等改革推动政府职能发生深刻转变，重要领域和关键环节改革取得突破性进展，主要领域改革主体框架基本确立。中国特色社会主义制度更加完善，国家治理体系和治理能力现代化水平明显提高，全社会发展活力和创新活力明显增强。

第三，民主法治建设迈出重大步伐。积极发展社会主义民主政治，推进全面依法治国，党的领导、人民当家作主、依法治国有机统一的制度建设全面加强，党的领导体制机制不断完善，社会主义民主不断发展，党内民主更加广泛，社会主义协商民主全面展开，爱国统一战线巩固发展，民族宗教工作创新推进。中国特色社会主义法治体系日益完善，全社会法治观念明显增强。国家监察体制改革试点取得实效，行政体制改革、司法体制改革、权力运行制约和监督体系建设有效实施。

第四，思想文化建设取得重大进展。加强党对意识形态工作的领导，党的理论创新全面推进，马克思主义在意识形态领域的指导地位更加鲜明，中国特色社会主义和中国梦深入人心。社会主义核心价值观和中华优秀传统文化广泛弘扬，群众性精神文明创建活动扎实开展。公共文化服务水平不断提高，文艺创作持续繁荣，文化事业和文化产业蓬勃发展，互联网建设管理运用不断完善，全民健身和竞技体育全面发展。主旋律更加响亮，正能量更加强劲，文化自信得到彰显，国家文化软实力和中华文化影响力大幅提升，全党全社会思想上的团结统一更加巩固。

第五，人民生活不断改善。惠民政策力度不断加大，人民获得感显著增强。脱贫攻坚战取得决定性进展。教育事业全面发展，中西部和农村教育明显加强。就业状况持续改善。居民收入年均增长率超过经济增速，形成世界上人口最多的中等收入群体。社会养老保险覆盖 9 亿多人，基本医疗保险覆盖 13.5 亿人，织就了世界上最大的社会保障网。保障性住房建设稳步推进，人民健康和医疗卫生水平大幅提高。社会治理体系更加完善，社会大局保持稳定，国家安全全面加强。

第六，生态文明建设成效显著。大力度推进生态文明建设，全党全国贯彻绿色发展理念的自觉性和主动性显著增强，忽视生态环境保护的状况明显改变。制定实施大气、水、土壤污染防治三个“十条”并取得扎实成效。重拳整治大气污染，主要污染物排放量持续下降，重点城市重污染天数减少一半，森林面积不断增加，沙化土地面积逐年缩减，绿色发展呈现可喜局面。生态文明制度体系加快形成，主体功能区制度逐步健全，国家公园体制试点积极推进。全面节约资源有效推进，能源资源消耗强度大幅下降。重大生态保护和修复工程进展顺利，森林覆盖率持续提高。生态环境治理明显加强，环境状况得到改善。引导应对气候变化国际合作，成为全球生态文明建设的重要参与者、贡献者、引领者。

第七，强军兴军开创新局面。着眼于实现中国梦强军梦，制定新形势下军事战略方针，全力推进国防和军队现代化。召开古田全军政治工作会议，恢复和发扬我党我军光荣传统和优良作风，人民军队政治生态得到有效治理。国防和军队改革取得历史性突破，形成军委管总、战区主战、军种主建新格局，人民军队组织架构和力量体系实现革命性重塑。加强练兵备战，有效遂行海上维权、反恐维稳、抢险救灾、国际维和、亚丁湾护航、人道主义救援等重大任务，武器装备加快发展，军事斗争准备取得重大进展。

第八，港澳台工作取得新进展。全面准确贯彻“一国两制”方针，牢牢掌握宪法和基本法赋予的中央对香港、澳门全面管治权。深化内地和港澳地区交流合作，港珠澳大桥全线贯通，香港、澳门保持繁荣稳定。坚持一个中国原则和“九二共识”，推动两岸关系和平发展，加强两岸经济文化交流合作，实现两岸领导人历史性会晤。妥善应对台湾局势变化，坚决反对和遏制“台独”分裂势力，有力维护了台海和平稳定。

第九，全方位外交布局深入展开。全面推进中国特色大国外交，形成全方位、多层次、立体化的外交布局，为我国发展营造了良好外部条件。实施共建“一带一路”倡议，发起创办亚洲基础设施投资银行，设立丝路基金，成功举办首届“一带一路”国际合作高峰论坛、二十国集团领导人杭州峰会等重大主场外交。习近平等国家领导人出访多国，全方位外交布局深入展开。倡导构建人类命运共同体，促进全球治理体系变革。坚定维护国家主权和海洋权益。经济外交、人文交流卓有成效。

第十，全面从严治党成效卓著。全面加强党的领导和党的建设，坚决改变管党治党宽松软状况。推动全党尊崇党章，增强政治意识、大局意识、核心意识、看齐意识，坚决维护党中央权威和集中统一领导，严明党的政治纪律和政治规矩，层层落实管党治党政治责任。坚持“照镜子、正衣冠、洗洗澡、治治病”的要求，开展党的群众路线教育实践活动和“三严三实”专题教育，推进“两学一做”学习教育常态化制度化，全党理想信念更加坚定、党性更加坚强。贯彻新时期好干部标准，选人用人状况和风气明显好转。党的建设制度改革深入推进，党内法规制度体系不断完善。出台中央八项规定，严厉整治形式主义、官僚主义、享乐主义和奢靡之风，坚决反对特权。巡视利剑作用彰显，实现中央和省级党委巡视全覆盖。坚持反腐败无禁区、全覆盖、零容忍，坚定不移“打虎”“拍蝇”“猎狐”，反腐败斗争压倒性态势已经形成并巩固发展。

6. 怎样理解习近平新时代中国特色社会主义思想的核心要义

坚持和发展中国特色社会主义，是习近平新时代中国特色社会主义思想的核心要义。中共十九大强调：新时代中国特色社会主义思想，明确坚持和发展中国特色社会主义，总任务是实现社会主义现代化和中华民族伟大复兴，在全面建成小康社会的基础上，分两步走，在21世纪中叶建成富强民主文明和谐美丽的社会主义现代化强国；明确新时代我国社会主要矛盾是人民日益增长的美好生活需要和不平衡不充分的发展之间的矛盾，必须坚持以人民为中心的发展思想，不断促进人的全面发展、全体人民共同富裕；明确中国特色社会主义事业总体布局是“五位一体”、战略布局是“四个全面”，强调坚定道路自信、理论自信、制度自信、文化自信；明确全面深化改革总目标是完善和发展中国特色社会主义制度、推进国家治理体系和治理能力现代化；明确全面推进依法治国总目标是建设中国特色社会主义法治体系、建设社会主义法治国家；明确党在新时代的强军目标是建设一支听党指挥、能打胜仗、作风优良的人民军队，把人民军队建设成为世界一流军队；明确中国特色大国外交要推动构建新型国际关系，推动构建人类命运共同体；明确中国特色社会主义最本质的特征是中国共产党领导，中国特色社会主义制度的最大优势是中国共产党领导，党是最高政治领导力量，提出新时代党的建设总要求，突出政治建设在党的建设中的重要地位。这“八个明确”，构成了系统完备、逻辑严密、内在统一的科学体系，是习近平新时代中国特色社会主义思想最重要、最核心的内容。

7. 新时代坚持和发展中国特色社会主义的基本方略是什么

中共十九大提出了新时代坚持和发展中国特色社会主义的基本方略，即坚持党对一切工作的领导、坚持以人民为中心、坚持全面深化改革、坚持新发展理念、坚持人民当家作主、坚持全面依法治国、坚持社会主义核心价值体系、坚持在发展中保障和改善民生、坚持人与自然和谐共生、坚持总体国家安全观、坚持党对人民军队的绝对领导、坚持“一国两制”和推进祖国统一、坚持推动构建人类命运共同体、坚持全面从严治党。这“十四个坚持”，是对党的治国理政重大方针、原则的最新概括，体现了理论与实践相统一、战略与战术相结合，是实现“两个一百年”奋斗目标、实现中华民族伟大复兴中国梦的“路线图”和“方法论”。这“十四个坚持”，既是习近平新时代中国特色社会主义思想的重要组成部分，也是落实习近平新时代中国特色社会主义思想的实践要求。

8. 怎样理解中国特色社会主义进入新时代后我国社会主要矛盾的新变化

中共十九大会议指出，经过长期努力，中国特色社会主义进入了新时代，这是我国发展新的历史方位。中国特色社会主义进入新时代，我国社会主要矛盾已经转化为人民日益增长的美好生活需要和不平衡不充分的发展之间的矛盾。主要依据有三个方面：一是经过改革开放 40 年的发展，我国社会生产力水平总体上显著提高，很多方面进入世界前列。二是人民生活水平显著提高，对美好生活的向往更加强烈，不仅对物质文化生活提出了更高要求，而且在民主、法治、公平、正义、安全、环境等方面的要求日益增长。三是影响满足人们美好生活需要的因素很多，但主要是发展的不平衡不充分问题。发展不平衡，主要指各区域各领域各方面发展不平衡，制约了全国发展水平提升。发展不充分，主要指一些地区、一些领域、一些方面还存在发展不足的问题，发展的任务仍然很重。

我国社会主要矛盾的变化是关系全局的历史性变化，十九大对党和国家工作提出了许多新要求。要在继续推动发展的基础上，着力解决好发展不平衡不充分问题，大力提升发展质量和效益，更好满足人民在经济、政治、文化、社会、生态等方面日益增长的需要，更好推动人的全面发展、社会全面进步。我国社会主要矛盾的变化，没有改变我们对我国社会主义所处历史阶段的判断，我国仍处于并将长期处于社会主义初级阶段的基本国情没有变，我国是世界最大发展中国家的国际地位没有变。全党要牢牢把握社会主义初级阶段这个基本国情，牢牢立足社会主义初级阶段这个最大实际，牢牢坚持党的基本路线这个党和国家的生命线、人民的幸福线。

9. 中共十九大对新时代中国特色社会主义发展作出怎样的战略安排

大会强调，从十九大到二十大，是“两个一百年”奋斗目标的历史交汇期。我们既要全面建成小康社会、实现第一个百年奋斗目标，又要乘势而上开启全面建设社会主义现代化国家新征程，向第二个百年奋斗目标进军。

大会指出，综合分析国际国内形势和我国发展条件，从 2020 年到 21 世纪中叶可以分两个阶段来安排。第一个阶段，从 2020 年到 2035 年，在全面建成小康社会的基础上，再奋斗 15 年，基本实现社会主义现代化。第二个阶段，从 2035 年到 21 世纪中叶，在基本实现现代化的基础上，再奋斗 15 年，把我国建成富强民主文明和谐美丽的社会主义现代化强国。

从全面建成小康社会到基本实现现代化，再到全面建成社会主义现代化强国，是新时代中国特色社会主义发展的战略安排。

10. 中共十九大对推进新时代中国特色社会主义伟大事业和党的建设伟大工程作出哪些具体部署

大会对推进新时代中国特色社会主义伟大事业和党的建设作出具体部署。

在经济建设上，要贯彻新发展理念，建设现代化经济体系。坚持和完善我国社会主义基本经济制度和分配制度，毫不动摇巩固和发展公有制经济，毫不动摇鼓励、支持、引导非公有制经济发展。以供给侧结构性改革为主线，推动经济发展质量变革、效率变革、动力变革，不断增强我国经济创新力和竞争力。深化供给侧结构性改革，加快建设创新型国家，实施乡村振兴战略，实施区域协调发展战略，加快完善社会主义市场经济体制，推动形成全面开放新格局，努力实现更高质量、更有效率、更加公平、更可持续的发展。

在政治建设上，要坚持党的领导、人民当家作主、依法治国有机统一，健全人民当家作主制度体系，发展社会主义民主政治，推进社会主义民主政治制度化、规范化、程序化。

在文化建设上，要坚定文化自信，推动社会主义文化繁荣兴盛，牢牢掌握意识形态工作领导权，培育和践行社会主义核心价值观，加强思想道德建设，繁荣发展社会主义文艺，推动文化事业和文化产业发展。

在社会建设上，要提高保障和改善民生水平，加强和创新社会治理，不断满足人民日益增长的美好生活需要，在幼有所育、学有所教、劳有所得、病有所医、老有所养、住有所居、弱有所扶上不断取得新进展，深入开展脱贫攻坚，保证全体人民在共建共享发展中有更多获得感，不断促进人的全面发展，实现全体人民共同富裕。

在生态文明建设上，要践行“绿水青山就是金山银山”的理念，加快生态文明体制改革，形成节约资源和保护环境的空间格局、产业结构、生产方式、生活方式，建设美丽中国。

在国防和军队建设上，必须坚持走中国特色强军之路，全面贯彻习近平强军思想，贯彻新形势下军事战略方针，把人民军队建设成为世界一流军队。

在台港澳工作上，要保持香港、澳门长期繁荣稳定，全面准确贯彻“一国两制”“港人治港”“澳人治澳”、高度自治的方针，严格依照宪法和基本法办事；必须继续坚持“和平统一、一国两制”方针，推动两岸关系和平发展，推进祖国和平统一进程，绝不允许任何人、任何组织、任何政党、在任何时候、以任何形式、把任何一块中国领土从中国分裂出去。

在外交工作上，坚持和平发展道路，坚定不移在和平共处五项原则基础上发展同各国的友好合作，积极促进“一带一路”国际合作，继续积极参与全球治理体系改革和建设，推动建设相互尊重、公平正义、合作共赢的新型国际关系，推动构建人类命运共同体，同世界各国人民一道建设持久和平、普遍安全、共同繁荣、开放包容、清洁美丽的世界。

大会对新时代党的建设总要求是：要坚持和加强党的全面领导，坚持党要管党、全面从严治党，以加强党的长期执政能力建设、先进性和纯洁性建设为主线，以党的政治建设为统领，以坚定理想信念宗旨为根基，以调动全党积极性、主动性、创造性为着力点，全面推进党的政治建设、思想建设、组织建设、作风建设、纪律建设，把制度建设贯穿其中，深入推进反腐败斗争，不断提高党的建设质量，把党建设成为始终走在时代前列、人民衷心拥护、勇于自我革命、经得起各种风浪考验、朝气蓬勃的马克思主义执政党。大会强调，要把党的政治建设摆在首位。全党必须增强政治意识、大局意识、核心意识、看齐意识，坚持党中央权威和集中统一领导，坚定执行党的政治路线，严格遵守政治纪律和政治规矩，在政治立场、政治方向、政治原则、政治道路上同党中央保持高度一致。

11. 2018 年召开的十三届全国人大一次会议审议通过的《中华人民共和国宪法修正案》有哪些新变化

2018 年 1 月，中共十九届二中全会在北京举行。全会审议通过了《中共中央关于修改宪法部分内容的建议》。同年 3 月，十三届全国人大一次会议在北京召开。会议根据中共十九届二中全会提出的建议，审议通过了《中华人民共和国宪法修正案》，确定科学发展观、习近平新时代中国特色社会主义思想同马克思列宁主义、毛泽东思想、邓小平理论、“三个代表”重要思想在国家政治和社会生活中的指导地位；调整充实中国特色社会主义事业总体布局和第二个百年奋斗目标的内容，明确推动物质文明、政治文明、精神文明、社会文明、生态文明协调发展，把我国建设成为富强民主文明和谐美丽的社会主义现代化强国，实现中华民族伟大复兴；完善依法治国和宪法实施举措，明确健全社会主义法治，实行宪法宣誓制度；充实完善我国革命和建设发展历程的内容；充实完善爱国统一战线和社会主义民族关系的内容；充实和平外交政策方面的内容，明确坚持和平发展道路，坚持互利共赢开放战略，推动构建人类命运共同体；明确中国共产党领导是中国特色社会主义最本质的特征；增加倡导社会主义核心价值观的内容；修改宪法中国家主席任职方面的有关规定；增加设区的市制定地方性法规的规定；增加有关监察委员会的各项规定；修改全国人大专门委员会的有关规定。

12. 新时代如何推进国家治理体系和治理能力现代化

2018 年 2 月，中共十九届三中全会在北京举行。全会审议通过《中共中央关于深化党和国家机构改革的决定》（简称《决定》）和《深化党和国家机构改革方案》。《决定》的主要内容包括：深化党和国家机构改革是推进国家治理体系和治理能力现代化的一场深刻变革；深化党和国家机构改革的指导思想、目标、原则；完善坚持党的全面领导的制度；优化政府机构设置和职能配置；统筹党政军群机构改革；合理设置地方机构；推进机构编制法定化；加强党对深化党和国家机构改革的领导等。全会通过的《深化党和国家机构改革方案》在深化党中央机构改革、全国人大机构改革、国务院机构改革、全国政协机构改革、行政执法体制改革、跨军地改革、群团组织改革、地方机构改革等方面作出明确部署。

全会提出，党和国家机构职能体系是中国特色社会主义制度的重要组成部分，是中国共产党治国理政的重要保障。深化党和国家机构改革的目标是，构建系统完备、科学规范、运行高效的党和国家机构职能体系，形成总揽全局、协调各方的党的领导体系，职责明确、依法行政的政府治理体系，中国特色、世界一流的武装力量体系，联系广泛、服务群众的群团工作体系，推动人大、政府、政协、监察机关、审判机关、检察机关、人民团体、企事业单位、社会组织等在党的统一领导下协调行动、增强合力，全面提高国家治理能力和治理水平。既要立足实现第一个百年奋斗目标，针对突出矛盾，抓重点、补短板、强弱项、防风险，从党和国家机构职能上为决胜全面建成小康社会提供保障；又要着眼于实现第二个百年奋斗目标，注重解决事关长远的体制机制问题，打基础、立支柱、定架构，为形成更加完善的中国特色社会主义制度创造有利条件。

全会强调，完善坚持党的全面领导的制度，加强党对各领域各方面工作领导，确保党的领导全覆盖，确保党的领导更加坚强有力，是深化党和国家机构改革的首要任务；转变政府职能，优化政府机构设置和职能配置，是深化党和国家机构改革的重要任务；统筹党政军群机构改革，是加强党的集中统一领导、实现机构职能优化协同高效的必然要求等。

学习检测

一、单项选择题

1. 2012年11月29日，习近平总书记在国家博物馆参观“复兴之路”展览时阐述了（　　）。

A. 四个全面　　B. 五位一体　　C. 大国外交　　D. 中国梦

2. 适应和引领经济发展新常态的重大创新是（　　）。

A. 简政放权　　B. 扩大对外开放

C. 推进供给侧结构性改革　　D. 放管结合

3. 要在（　　）中保障和改善民生。

A. 改革　　B. 发展　　C. 开放　　D. 扶贫

4. 全面建成小康社会，最艰巨最繁重的任务在（　　）。

A. 农村　　B. 西部　　C. 城市　　D. 国企

5.（　　）重大倡议开辟了国际合作新模式，成为当今世界规模最大的国际合作平台。

A. 亚信峰会　　B. 中非合作论坛

C. 一带一路　　D. 上海合作组织

6. 十九大修订的新党章，在指导思想中增加了（　　）。

A. 邓小平理论　　B. “三个代表”重要思想

C. 科学发展观　　D. 习近平新时代中国特色社会主义思想

7. 习近平新时代中国特色社会主义思想，是在（　　）进入新时代的历史条件下形成的。

A. 中国特色社会主义　　B. 改革开放

C. 中国梦　　D. 社会主义现代化

8. 我国社会主要矛盾的变化，要求更好地贯彻以（　　）为中心的发展思想。

A. 人民　　B. 政治　　C. 经济　　D. 文化

9. 新时代中国提出的应对“三大赤字”挑战、共同创造人类美好未来的中国方案是（　　）。

A. 建设人类命运共同体　　B. 一带一路

C. 亚投行　　D. 金砖国家峰会

10. 完善和发展中国特色社会主义制度的必然要求是推进国家治理体系和治理能力（　　）。

A. 信息化　　B. 科技化　　C. 现代化　　D. 制度化

11. 中国梦的本质是（　　）。

A. 国家富强、民族振兴、人民幸福　　B. 文化霸权、民族振兴、人民幸福

C. 国家富强、社会发展、人民幸福　　D. 国家富强、民族振兴、美好生活

12. 深入推进党风廉政建设和反腐败斗争，以零容忍态度惩治腐败，构建（　　）的

有效机制。

A. 不让腐、不能腐、不敢腐　　B. 不能腐、不敢腐、不易腐

C. 不敢腐、不能腐、不想腐　　D. 不想腐、不能腐、不让腐

13. 设立（　　）新区，是以习近平同志为核心的党中央深入推进京津冀协同发展作出的一项重大决策部署。

A. 雄县　　B. 雄安　　C. 安新　　D. 滨海

14. 党的十九大提出，从（　　）到（　　），在基本实现现代化的基础上，把我国建成富强民主文明和谐美丽的社会主义现代化强国。

A.2020 年、2035 年　　B.2035 年、2050 年

C.2030 年、2045 年　　D.2035 年、本世纪中叶

15. （　　）是新时代坚持和发展中国特色社会主义的根本立场。

A. 以经济建设为中心　　B. 以人民为中心

C. 宪法至上　　D. 一切有利于生产力发展

二、多项选择题

1. 党的十八大要求全面提高党的建设科学化水平，建设（　　）、（　　）、（　　）的马克思主义执政党。

A. 国际型　　B. 学习型　　C. 服务型　　D. 创新型

2. 培育和践行社会主义核心价值观，要求大力弘扬（　　）。

A. 中华优秀传统文化　　B. 革命文化

C. 社会主义先进文化　　D. 世界多元文化

3. 建设美丽中国，必须贯彻新发展理念，坚持（　　）和（　　）的基本国策。

A. 节约资源　　B. 生态建设　　C. 自然恢复　　D. 保护环境

4. 协调推进“四个全面”战略布局指的是（　　）。

A. 全面建成小康社会　　B. 全面深化改革

C. 全面依法治国　　D. 全面从严治党

5. 十八大以来的五年，是党和国家发展进程中极不平凡的五年，主要体现在（　　）。

A. 成就是全方位的、开创性的

B. 变革是深层次的、根本性的

C. 解决了许多长期想解决而没有解决的难题

D. 办成了许多过去想办而没有办成的大事

6. 我国社会主要矛盾已经转化为人民日益增长的（　　）和（　　）之间的矛盾。

A. 美好生活需要　　B. 不平衡不充分发展

C. 物质文化需要　　　　　　　　　D. 落后生产力

7. 中国特色社会主义进入新时代，意味着近代以来久经磨难的中华民族迎来了从（　　）、（　　）到（　　）的伟大飞跃。

A. 站起来　　　B. 跑起来　　　C. 富起来　　　D. 强起来

8. 走中国特色社会主义政治发展道路，必须坚持（　　）、（　　）、（　　）的有机统一。

A. 党的领导　　　　　　　　　B. 人民当家作主

C. 改革开放　　　　　　　　　D. 依法治国

9. 要把党的政治建设摆在首位，全党必须增强政治意识、（　　）、（　　）、（　　）。

A. 大局意识　　　B. 核心意识　　　C. 看齐意识　　　D. 纪律意识

10. 关于中国特色社会主义进入新时代表述正确的是（　　）。

A. 这是我国发展新的历史方位

B. 我国社会主要矛盾发生了新的变化

C. 是承前启后、继往开来的时代

D. 是日益走近世界舞台中央、不断为人类作出更大贡献的时代

11. 习近平新时代中国特色社会主义思想，是（　　），是党和国家必须长期坚持的指导思想。

A. 马克思主义中国化最新成果

B. 当代中国马克思主义、21 世纪马克思主义

C. 党和人民实践经验和集体智慧的结晶

D. 中国特色社会主义理论体系的重要组成部分

12. 中国特色社会主义进入新时代，意味着（　　）。

A. 近代以来久经磨难的中华民族迎来了从站起来、富起来到强起来的伟大飞跃

B. 科学社会主义在二十一世纪的中国焕发出强大生机活力

C. 中国特色社会主义拓展了发展中国家走向现代化的途径

D. 全面建成小康社会已成为现实

13. 贯彻新发展理念首先要深入理解、科学把握其科学内涵和实践要求。下列说法正确的有（　　）。

A. 创新是引领发展的第一动力

B. 协调是持续健康发展的内在要求

C. 绿色是永续发展的必要条件

D. 开放是国家繁荣发展的必由之路

14. 中国将高举（　　）的旗帜，恪守维护世界和平、促进共同发展的外交政策宗旨。

A. 和平　　B. 发展　　C. 合作　　D. 共赢

15. 党的建设必须坚决实现的基本要求有：坚持党的基本路线，（　　）。

A. 坚持解放思想、实事求是，与时俱进，求真务实

B. 坚持全心全意为人民服务

C. 坚持民主集中制

D. 坚持从严管党治党

16. 2015年召开的中央统战工作会议强调，我们党所处的历史方位，所面临的内幕形势，所肩负的使命任务发生了重大变化。越是变化大，越是要把统一战线发展好，把统战工作开展好，统一战线作为党的一项长期方针，决不能动摇，中国共产党之所以高度重视统战工作，是因为统一战线是（　　）。

A. 夺取革命、建设和改革事业胜利的重要法宝

B. 中国共产党的一大政治优势

C. 实现中华民族伟大复兴中国梦的重要法宝

D. 人民当家作主的根本保证

——该题出自“2016年硕士研究生入学考试政治试题”第26题

三、判断题

1. 改革开放是坚持和发展中国特色社会主义的必由之路。

2. 贯彻新发展理念，要坚持以GDP为评价标准，大力抓招商引资。

3. 推进全面从严治党，要着力解决形式主义、官僚主义、享乐主义和拜金主义这“四风”问题。

4. 我国社会主要矛盾的变化，改变了我们对我国还处于社会主义初级阶段的判断。

5. 马克思主义中国化的最新理论成果是习近平新时代中国特色社会主义思想。

四、材料分析题

结合材料回答问题

材料1：马克思主义不仅深刻改变了世界，也深刻改变了中国，中华民族在几千年的历史进程中创造了灿烂的中华文明，为人类文明进步作出了重大贡献。1840年鸦片战争以后，西方列强凭着坚船利炮野蛮轰开了中国的大门，中华民族陷入内忧外患的悲惨境地。

近代以后，争取民族独立、人民解放和实现国家富强、人民幸福就成为中国人民的历史任务。在旧式的农民战争走到尽头，不触动封建根本的自强运动和改良主义屡屡碰壁，

资产阶级革命派领导的革命和西方资本主义的其他种种方案纷纷破产的情况下，十月革命一声炮响，为中国送来了马克思列宁主义，给苦苦探寻救亡图存出路的中国人民指明了前进方向，提供了全新选择。

中国共产党诞生后，中国共产党人把马克思列宁主义基本原理同中国革命和建设具体实际结合起来，团结带领人民经过长期奋斗，完成新民主主义革命和社会主义革命，建立起中华人民共和国和社会主义基本制度，进行了社会主义的艰辛探索，实现了中华民族从弱国到站起来的伟大飞跃。

改革开放以来，中国共产党人把马克思列宁主义基本原理同中国改革开放的具体实际结合起来，团结带领人民进行建设中国特色社会主义新的伟大实践，使中国大踏步赶上了时代，实现了中华民族从站起来到富起来的伟大飞跃。

材料 2：经过长期努力，中国特色社会主义进入了新时代，这是我国发展新的历史方位。

中国特色社会主义进入新时代，意味着近代以来久经磨难的中华民族迎来了从站起来、富起来到强起来的伟大飞跃，迎来了实现中华民族伟大复兴的光明前景，意味着科学社会主义在二十一世纪的中国焕发出强大生机活力，在世界上高高举起了中国特色社会主义伟大旗帜，意味着中国特色社会主义道路、理论、制度、文化不断发展，拓展了发展中国家走向现代化的途径，给世界上那些希望加快发展又希望保持自身独立性的国家和民族提供了全新选择，为解决人类问题贡献了中国智慧和中国方案。

——摘自习近平《决胜全面建成小康社会夺取新时代中国特色社会主义伟大胜利——在中国共产党第十九次全国代表大会上的报告》

（1）如何理解马克思列宁主义给中国人民“指明了前进方向，提供了全新选择”？

（2）中华民族实现了从弱国到站起来、从站起来到富起来的伟大飞跃，并迎来了从富起来到强起来的伟大飞跃说明了什么？

——该题出自“2019 年硕士研究生入学考试政治试题”第 36 题

参考答案

一、单项选择题

1.D　2.C　3.B　4.A　5.C　6.D　7.A　8.A　9.A　10.C　11.A　12.C　13.B　14.D　15.B

二、多项选择题

1.BCD　2.ABC　3.AD　4.ABCD　5.ABCD　6.AB　7.ACD　8.ABD　9.ABC

10.ABCD 11.ABCD 12.ABC 13.ABCD 14.ABCD 15.ABCD 16.ABC

三、判断题

1. √ 2.× 3.× 4.× 5. √

四、材料分析题

（1）自1840年鸦片战争起，列强用坚船利炮打开了中国国门，中国逐步沦为半殖民地半封建社会。无论是农民阶级发起的太平天国运动还是地主阶级自救的洋务运动，无论是民族资产阶级改良派领导的戊戌变法还是资产阶级革命派发动的辛亥革命，都没有改变中国半殖民地半封建的社会性质，领导中国人民完成民族独立、人民解放的历史任务。各个阶级的探索证明不具有先进性的阶级领导的各种救国方案都行不通。1917年俄国十月革命的爆发，推动中国先进知识分子把目光从西方转向东方，从资产阶级民主主义转向社会主义。昭示着人们，资本主义制度不是永恒的。无产阶级和其他劳动群众一旦觉醒、组织起来，完全可以依靠自身的力量创造出维护绝大多数人利益的崭新社会制度。十月革命启示中国人民：经济文化落后的国家也可以用社会主义思想指引自己走向解放之路。革命中广泛发动工人、农民和士兵群众赢得胜利的故事，给予中国的先进分子以新的革命方法的启示，推动他们去研究这个革命所遵循的主义，开始用无产阶级的世界观作为观察国家命运的工具，重新考虑自己的问题，选择了马克思主义的科学社会主义。

（2）1840年英国发动了鸦片战争，1842年签订了中国近代史上第一个不平等条约《南京条约》，中国逐步沦为半殖民地半封建社会，打破了天朝上国的美梦。各个阶级的探索均以失败告终。1917年十月革命一声炮响给中国送来了马克思主义，正是在这个思想的带领下，1921年中国共产党成立，带领人民完成了新民主主义革命的任务，实现了民族独立、人民解放的历史任务。1949年新中国成立，中国从此站了起来。但刚刚建国时，中国共产党人发现：万里长征只是走完了第一步，以后的任务更加艰巨，就是实现国家富强、人民富裕。1978年，十一届三中全会的召开，开启了改革开放新的历史时期，领导中华民族找到了从站起来到富起来的正确道路。党的十八大以来，习近平总书记接下富起来的这一棒任务，经过6年的艰苦奋斗，以习近平新时代中国特色社会主义思想为引领，全面贯彻“五位一体”总体布局和“四个全面”战略布局，以实现两个一百年奋斗目标为统领。十九大的胜利召开，中国特色社会主义进入了新时代，中华民族实现了从富起来到强起来的伟大飞跃。三次飞跃说明了必须坚持中国共产党的领导，必须走中国特色社会主义道路，必须坚持以人民为中心，必须坚持中国特色社会主义道路自信、理论自信、文化自信、制度自信，不断实现马克思主义中国化。

后　记

为贯彻落实中共中央办公厅及教育部关于思想政治理论课的文件精神，进行新时代高校思想政治理论课改革创新研究，全面提高本科教育人才培养质量，增强“中国近现代史纲要”课程的教学实效性，河北科技大学中国近现代史纲要教研室组织教师进行了“中国近现代史纲要”课程学习辅导用书的编写工作。

编写组在认真研究教材、反复研讨的基础上，根据大学生的实际学习情况和特点，结合教师们的教学经验，通过分工协作，完成了“中国近现代史纲要”课程的辅导用书编写。编写的内容按照高等教育出版社出版的新修订的2018年版《中国近现代史纲要》教材内容以及章节划分，每章选出需要学生掌握的基本知识点和重难点进行整理和解读，要点解析后精选了一些单选题、多选题、判断题及材料分析题等题型进行练习，主要为了帮助学生理解掌握教材内容，巩固所学知识，更好地服务于教学工作。每章练习题含有近年来“中国近现代史纲要”课相关内容的考研题，帮助学生更好地领会教育部大纲要求，理解所学知识。

本书的编写分工如下：第一章至第四章知识点由葛晓萍老师整理，第五章至第八章知识点由韩梅老师整理，第九章至第十一章知识点由曾雪兰老师整理。各章练习题分别由刘建民、葛晓萍、韩梅、崔会东、张丽影、黄德辉、潘鸣、曾雪兰等老师提供。近年来与课程相关的考研题由葛晓萍和张春晓老师整理。全书由葛晓萍老师审核统稿

编者

2019年10月15日